ワークで学ぶ

子ども家庭支援の
包括的アセスメント

要保護・要支援・社会的養護児童の
適切な支援のために

増沢 高

明石書店

はじめに：この本の特徴と使い方

1. 包括的アセスメントの必要性

　虐待を受けた子どもへの対応と支援については、子どもの権利条約（児童の権利に関する条約）が批准された1990年代の中ごろから社会的関心が高まりました。恵まれているといわれていた日本の子どもの中に、深刻な被害を受けて生命の危険に曝されている子どもがいることや、その数が想像以上に上ることが明らかとなり、大きな国家的問題に位置づけられ、2000年に児童虐待防止法（児童虐待の防止等に関する法律）の制定に至ります。

　深刻な虐待を受けた子どもたちは、児童福祉法の規定する要保護児童に含まれ、当時はすべてのケースに対して児童相談所が対応し、必要な支援を行っていました。しかし、より身近なところで支援を行うことが望ましいとの観点から、2006年の児童福祉法の改正で、要保護児童の支援については市町村も担っていくこととなりました。以降市町村は、要保護児童対策地域協議会を設置し、虐待を受けた子どもとその家族に対して支援を行なう中心的機関と位置づけられるようになっていきました。

　一方児童相談所は、より重篤なケースに特化して対応することになっていきました。その中で、子どもを家庭から分離することが必要なケースは、児童福祉施設や里親といった社会的養護の場へ措置を行うのですが、2000年以降、施設等に措置される被虐待児童の入所率は上昇していきました。それにより子どもと家族への支援は、それまでとは比較にならないほどの困難さを伴うようになります。ところで児童相談所が対応する10万件を超える件数のうち、施設や里親に措置される件数はわずか4％ほどです。それは施設や里親など、社会的養護を担う場が圧倒的に不足しているからです。ゆえに多くが在宅支援となって、市町村もかかわっていくことになりました。その中には施設等に入所するのと変わらないくらいの深刻な課題を抱えた子どもと家族が相当数おり、その支援は施設同様、困難なものとなりました。

　支援の困難さのひとつは、対応する子どもが示す症状や家族の状況をどのように理解し、どう支援していいのかわからないというものです。虐待ケースには、このように支援すれば100％良くなるといったマニュアルはありません。それはケースごとの事情があまりにも異なるために、統一された手立ての構築はほとんど不可能だからです。以前のケースで有効だった対応が目の前のケースでは全く通用しないという経験をする支援者が多いのは、こうした事情が背景にあります。ゆえに個々のケースを適切に理解し、そのケースの課題に適った支援を展開するというアセスメントが必須となるのです。

　ところが、市町村や児童福祉施設等では、このアセスメントの力を、これまで充分積み上げてきたわけではありません。虐待ケースの増加に伴って、その必要性の認識を強め、その力の獲得を願うようになったということです。

3

2．包括的アセスメントの力を身につけるための研修教材として

　筆者は子どもの虹情報研修センターで、17年間子ども虐待に携わる人材育成のための研修の企画、実施、評価に携わってきました。全国から年間1700名ほどがセンターの研修に参加されますが、研修プログラムに組み込まれている事例検討を実施する度に、コメンテーター等から繰り返し指摘されるのが、アセスメントの不充分さです。そして参加者に「研修プログラムとして何を望むか」を尋ねると、毎回といって良いほど上位に上がってくるのは「アセスメント」あるいは「見立て」です。ここでいう「アセスメント」や「見立て」とは、ケースの全体像をとらえ、理解し、ケースに適した支援方法を見い出していくことで、本書ではこれを「包括的アセスメント」と呼びます。今や多くのソーシャルワーカーやケアワーカーが子どもを適切に理解し有効な手立てを講ずるべきと考え、包括的なアセスメント力を高めたいと願っています。しかし、これに関して教育を受ける機会や、こうした力を養う教材等が、求めるほどには存在しないのも実情です。

　そこで2011年に、社会的養護を担う支援者向けにアセスメント力養成のためのワークブックのようなものができないかと考え、『社会的養護児童のアセスメント』（明石書店）を発刊しました。心理臨床家としての筆者の経験と人材育成の実践を通して、どうしたらアセスメントの力が身につくかの検討を繰り返し、作成したものです。この本の内容は、アセスメントを構成している要素を3つ（情報把握、理解、及び方針設定）に分割し、それぞれの内容と関係を示した上で、各要素の必要な視点を学ぶために、計17ステップでワークを行なっていく形式をとりました。各ステップは、基本的に、理解、演習、解説、OJT（On-the-Job Training）で構成されています。細分化されたステップを、理解とワークを行いながら進むことで、アセスメント力をじっくりと培えるよう工夫しました。ここに掲載されているワーク教材は、アセスメントの研修等の教材としても活用されることを目的としました。

　その後もこれらのワーク教材は、虹センターの研修等で活用し、改良を加えていきました。アセスメントを各要素に分割し、学んでいく方法は、参加者にはわかりやすく、取り組みやすいという声を多数いただき、効果的であることを実感しました。そこで、市区町村の在宅支援を行う支援者に対しても、アセスメント力向上を目的とした研修プログラムで、こうした方法をとるようにしました。当然、使用する教材は市区町村のニーズに適うよう改良を加えました。さらに研修教材としての有効性を確認するために、虹センターの研究事業の一環として、その評価研究も行ないました。それらは「市区町村児童家庭相談における人材育成モデルについての研究（第1報）」及び「同（第2報）」（宮島清他、2016年、2017年）としてまとめられています。その後も、研修実践を繰り返し、その度に教材の修正を行いました。そうして出来上がった教材を、子どもの虹情報研修センターのホームページに、「Webトレーニング・要保護児童ケースのための包括的アセスメント・トレーニング」として掲載し、活用できるようにしました。支援者であれば誰でもどこでも取り組めることをねらったものです。本書は、このWebトレーニングの教材資料を踏まえ、さらなる改良と、新たな教材も加えてよりわかりやすくするための解説を加えるなどして編集をしたものです。

3．本書の特徴

　本書の構成は、**step 0** と **step A** から **step D** までの５つの **step** で構成されています。**step 0** では、包括的アセスメントとは何かについての、基盤となる構造と展開について学びます。包括的アセスメントは、総合的な情報の把握、理解・解釈（課題の分析・整理）、支援方針と具体的な手立ての検討、ケースの振り返りと評価の４つの段階に分かれます。それらを順に **step A**、**step B**、**step C**、**step D** としました。

　各 **step** は、さらに下位の **step** に分かれます。例えば **step A1**（子どもの状態像の把握）、**step A2**（家族の状況把握）、**step A3**……といった表示で分かれています。内容によってはこれらの **step** にさらに下位項目を設けて、**step A2-1**（ジェノグラムの作成）、**step A2-2**（保護者の状態像の把握）、**step A2-3**（家屋の状況や経済状況の把握）……などの表示で分け、学びを深められるようにしました。

　それぞれの **step** は解説と **work** で構成され、計27の **work** が用意されています。**work** は自分がかかわるケースについて票に記載していくという形式で取り組むものです。どのワークでも参考事例を提示しています。参考事例は児童福祉施設に入所しているＡ男のケースと市で在宅支援を行っているＢ子のケースです。本書を通して、Ａ男とＢ子は繰り返し登場し、各 **step** が提示する視点から見つめ、検討されています。

　本書の目的は、包括的アセスメントを展開するための必要な視点を学ぶことです。計27の **work** を通して、情報把握、解釈、手立てを検討するための多角的な視点を身につけていきます。実際の支援の現場では、ひとつのケースに対してここで示した全ての視点を網羅してアセスメントを行うことは不可能ですし、そうする必要もありません。ケースによって重きをおくべき視点は異なります。しかし、何に重きをおくべきかを判断するには、包括的アセスメントに必要な多角的な視点を備えていることが前提となります。それを身につけることが本書の目的なのです。多角的な視点を事前に学んでおくことで、実際のケースを前にしたときに、狭い視点だけの検討に終始せずに、必要な視点を幅広く引きだせるようになるはずです。

　本書の活用の仕方は、まず **step 0** の包括的アセスメントの全体的な構造を理解することから始めます。それを踏まえていれば、その後は、どの **step** からはじめても構いません。すべての **step** をざっとながめた上で、自分になかった視点、苦手だと思うところ、気になるところなどからはじめると良いでしょう。

　包括的アセスメントは常に仮説であり、常に見直されながら、より適切な理解と支援へと歩を進めていくものです。その展開をより適切で効果的に進めていける力を目指します。その力はすぐに身につくものではありません。いくつもの事例に接し、その都度包括的アセスメントをくり返していくことで、磨かれていくものです。この本はそうした歩みを志す支援者のために作成しました。この本がこれを手にした方々の包括的アセスメントの向上に役に立つものとなれば、これほど嬉しいことはありません。

2018年10月

　　　　　　　　　　　　　　　　　　　　　　　　　　　　　増沢　高

目次

はじめに：この本の特徴と使い方　3

step 0　包括的アセスメントについて

1．問題とされる行動や症状　13

2．問題とされる行動や症状の背景には必ず理由がある　14

work 1 行動や症状の背景を考える　14

3．包括的アセスメントの流れ　16

4．リスクアセスメントと包括的アセスメント　17

5．包括的アセスメントの展開　18

6．包括的アセスメントの意義　18

I step A　総合的な情報の把握

1．必須となる情報　21

2．情報を把握するための手立て　21

3．記録について　22

step A1 | 子どもの状態像の把握 ················23

1．把握すべき3つの側面　23

2．3つの側面の解説　24

work A1-1 子どもの状態像を3つの側面で整理する　26

work A1-2 子どもの状態像の把握　30

step A2 | 家族の状況の把握 ·················33

step A2-1 ジェノグラムの作成　33

work A2-1a ジェノグラムの作成　36

work A2-1b ジェノグラムの作成　38

step A2-2 保護者の状態像の把握　39

work A2-2 保護者の状態像の把握　43

step A2-3 家屋の状況や経済状況の把握　44

work A2-3 家屋の状況や経済状況の把握　45

step A2-4 24時間の生活の様子　46

work A2-4 24時間の生活の様子　50

step A2-5 家族関係と家族の価値観や文化　52

work A2-5 家族関係と家族の価値観や文化　53

step A2-6 家族と関係のある人や機関（エコマップ）　54

work A2-6 家族と関係のある人や機関（エコマップ）　56

step A3 | 子どもと保護者の現状認識と願い………57

work A3 子どもと保護者の現状認識と願い　59

step A4 | 生育歴・生活歴の把握……………………60

1. 生育歴・生活歴を把握することの意義　60
2. 成長・発達について　60
3. 発達段階に即しての把握すべき情報　60

step A4-1 生育歴の基本情報の把握　64

work A4-1 生育歴の基本情報の把握　68

step A4-2 子どもと保護者の生活歴の把握　69

work A4-2 子どもと保護者の生活歴の把握　73

step A5 | 心理的所見と医学的所見 ……………………… 74

1. 心理検査・評定　74

2. 医学的所見　76

work A5 心理的所見と医学的所見の把握　77

II step B　理解、解釈

1. ケースの「抱えた課題」の検討（step B1、B2）　79

2. 「ケースの力」の検討（step B3、B4）　79

3. 「抱えた課題」と「ケースの力」の関係　79

step B1 | 子どもの抱えた課題の検討 ……………………… 80

1. 子どもの抱えた課題を検討する3つの視点　80

2. 課題の内容　81

work B1 子どもの課題の整理　93

step B2 | 家族の抱えた課題の検討 ……………………… 94

work B2 家族の抱えた課題の整理　100

step B3 | 「当事者の力」の検討と整理 ……………………… 101

work B3 「当事者の力」の検討と整理　105

step B4 | 「既にある支援」の評価と整理 ……………………… 106

work B4 「既にある支援」の評価と整理　109

III step C　支援方針と具体的な手立ての検討

1．3種の支援方針　111

2．すべてのケースに共通する方針α　111

3．ケースによって異なる方針βと方針γ　112

4．子どもと家族への具体的な手立て（メニュー）の検討　112

5．具体的な支援の役割分担　113

step C1｜子どもの支援方針と具体的な手立て⋯⋯114

1．方針α（すべてのケースに共通）　114

2．方針βとその手立て（子どもの課題への手立て）　116

3．方針γとその手立て（ケースの力の強化に向けた手立て）　122

work C1　子どもの支援方針と具体的な手立て　128

step C2｜家族への支援方針と具体的な手立て⋯⋯129

1．方針α（すべてのケースに共通）　131

2．方針βとその手立て（家族の課題への手立て）　132

3．方針γとその手立て（ケースの力の強化に向けた手立て）　134

work C2　家族への支援方針と具体的な手立て　138

step C3｜子どもと家族への支援の役割分担⋯⋯⋯⋯139

work C3　子どもと家族への支援の役割分担　146

IV step D　ケースの振り返りと評価

1．基本的な考え方　149

2．ケースの振り返りと評価に必要な視点　149

step D1｜支援の経過をまとめる⋯⋯⋯⋯⋯⋯⋯⋯⋯151

work D1　支援の経過をまとめる　157

step D2 | ケース・カンファレンスの実施 …………158

1. ケース・カンファレンスで行うこと　158

2. ケース・カンファレンスの資料作成　158

work D2 ケース・カンファレンスの資料作成　162

3. ケース・カンファレンスの種類と目的　164

step D3 | 子どもと家族の抱えた課題の振り返り ……166

work D3 子どもと家族の抱えた課題の振り返り　170

step D4 | 子どもと家族への支援方針の手立ての見直し……172

work D4 子どもと家族への支援方針の手立ての見直し　176

step D5 | 役割分担の見直し ……………………178

work D5 役割分担の見直し　182

step D6 | 子どものこれまでの人生を理解する
──子どもの年表づくり…………………184

1. 人生の連続性が分断されがちな社会的養護の子どもたち　184

2. 過去を振り返ることが困難な社会的養護の子どもたち　184

3. 子どもの年表づくり（代替養育を必要とした子ども）　185

work D6 子どもの年表づくり　190

おわりに　191

参考・引用文献　193

step 0	包括的アセスメントについて

ここでは、包括的アセスメントについての概要をおさえます。これから各ステップで学びを積んでいくことになりますが、一連の学びの基盤となるところです。

1. 問題とされる行動や症状

　要保護ケースや要支援ケース、さらには社会的養護を必要とするケースの子どもたちの多くは、不適切な養育環境下におかれていたため、多くの心的課題を抱えています。それらは多様な症状や問題行動となって表れています。留意すべき症状や問題となる行動には、以下のようなものがあります。

・乳幼児期

　　激しく泣く

　　泣かない

　　笑わない

　　かみつき

　　視線が合わない

　　人見知りしない

　　夜泣きが激しい

・幼児期以降

　　養育者との安定した関係が保てない、苦痛の時でも養育者を求めない

　　基本的な生活習慣が身についていない

　　集中困難、落ち着きのなさ

　　著しく警戒する

　　頻繁で激しい怒りの表出、衝動的で攻撃的、破壊的な行動

　　学校や保育所などで話すことができない

　　学校や保育所など集団の場が怖い

　　親と離れることができず、激しく抵抗する

　　不登校が続いている

　　盗み、放火、動物への残虐行為、喫煙、飲酒、家出、徘徊、その他の非行

　　いじめ、脅迫、特定の人への支配性

　　不適切な性的行動

　　抜毛、チック、繰り返しの夜尿

　　特定の状況での強い恐怖や不安によるパニック

　　不眠、夜驚、頻繁な悪夢

13

step 0

I......step A

II......step B

III......step C

IV......step D

いつもぼんやりしていて現実感がない

皆と遊べない

できていたことができなくなる

重要な出来事が思い出せない、感覚や感情が麻痺している

身体医学的診断のつかない腹痛や頭痛など

過食、拒食、極端な偏食、著しい減食や絶食

自傷、自殺企図

コミュニケーションが取れず人とうまくかかわれない

習慣などへのかたくななこだわり、感覚の過敏さや鈍感さ

読み書きの困難さ、特定の学習の困難さ、学力の遅れ

　日々の生活に支障をきたし、周囲が心配している行動や症状は、この他にもたくさんあります。またいくつかの症状や問題が重複している場合も少なくありません。これらが消失することなく続いていたり、さらなる悪化が認められる場合は、そのケースの固有の課題を適切に理解し、解決に向けた手立てを検討する必要があります。このことは、市町村、保育所、学校、児童相談所、児童福祉施設などで要保護児童や社会的養護を必要とする子どもなどにかかわる支援者の責務といっていいでしょう。

2. 問題とされる行動や症状の背景には必ず理由がある

　子どもの症状や問題行動を目の当たりにした関係者は、子どものことがとても心配になります。大人たちは、すぐにでもその問題や症状の改善や消失に向けて、何らかの指示や指導をしたくなります。しかし指示や指導だけでは改善されずに、ただ時が過ぎていく場合が少なくありません。

　問題となる行動や症状の背景には必ず原因があり、その行動や症状が表れるメカニズムが存在します。その要因やメカニズムを明らかにし、その改善に向けた手立てを届けなければ根本解決には至りません。

　また問題や症状には、見えやすいものと見えにくいものがあります。学校での暴言や暴力、学力の低下、不登校、非行などは、誰の目にも留まりやすい問題といえるでしょう。それに比べて、いじめ、性的被害、家庭内虐待などは重要な問題でありながらなかなか見えてこないものです。また子どもの不安や恐怖、うつ、解離症状などは、これらについて学んでいなければ、見逃してしまいがちな症状でもあります。子どもの問題や症状に対して気づきの目をもち、受け止められる支援者でありたいものです。

work 1　　　　　行動や症状の背景を考える

　この表の左の欄には、問題とされる子どもの行動や症状をいくつか挙げています。これらの行動や症状の原因や背景として考えられるものを、右の欄に出来るだけたくさん列挙してみましょう。

● 14

年齢・性別	行動や症状	原因や背景として考えられること
3歳女児	同年齢の子どものように会話ができない。一人遊びが多い。	
6歳男児	保育所で落ち着かずに、立ち歩きが多い。すぐに怒り、暴力を振るって相手を威圧する。	
10歳男児	この2週間、登校していない。親は病気と言うが、訪問しても子どもに会えない。	
13歳女児	授業中もうつろな表情で、声かけにも反応が鈍い。テストの成績も急に悪化した。	

包括的アセスメント
について
....

総合的な
情報の把握
....

理解、
解釈
....

支援方針と具体的な
手立ての検討
....

ケースの振り返りと
評価
....

　どれだけ記述できましたか。次の表は、可能性のある原因や背景を列挙してみたものです。自分の記述と比べてみてください。ここにあげた例は、すべて仮説です。他にも様々な背景が考えられます。

年齢・性別	行動や症状	原因や背景として考えられること
3歳女児	同年齢の子どものように会話ができない。一人遊びが多い。	知的発達の遅れ 生来的な自閉的傾向 養育者との愛着形成の不充分さ 友達とかかわる経験のなさ 場になれず、過度の緊張 その他
6歳男児	保育所で落ち着かずに、立ち歩きが多い。すぐに怒り、暴力を振るって相手を威圧する。	生来的な発達の障害 親の養育が不充分で、しつけができていない 周囲に対する不信感や恐怖から攻撃的になる 暴力的で支配的な親の行動を学習している その他
10歳男児	この2週間、登校していない。親は病気と言うが、訪問しても子どもに会えない。	子どもの学校不適応 学校でいじめにあっている 引きこもり傾向 家族の生活リズムが乱れ、朝起きない 親から子どもへの家庭内労働の強要 虐待を受けて大怪我をしており、学校に行けない その他
13歳女児	授業中もうつろな表情で、声かけにも反応が鈍い。テストの成績も急に悪化した。	睡眠障害による睡眠不足 成績が伸びず、将来に希望が持てなくなった 家庭内での大きな心配事 　例えば、家族の不和、家族の病気、親のリストラなど 大きな事件に遭遇した 　例えば、事故、家族の死、犯罪被害、性的虐待、家族の逮捕 学校でいじめにあっている 統合失調症の発症 その他

15

例えば不登校の状態が続いている場合、その子どもに対して、先生が「学校に来なさい」と繰り返し指導しても、その原因に、いじめの問題がある、あるいは心の病を抱えている、または親に学校に行かせてもらえない、さらには深刻な虐待を受けているかもしれません。これらの場合、単に登校を促すだけでは学校に行けるようにはなりません。抱えた課題にあった対応の手立てを考えなければ事態の好転は望めません。

問題となる行動や症状の背景には、必ずそれを生じさせているより本質的な課題が潜んでいます。それらはすぐには見えないものです。まずはどのような原因や背景があるのかを、いくつも考えてみることです。この姿勢こそ、アセスメントの力を身につけていく肝となるものであり、支援者や当事者の立場に立っての共感力や想像力が求められるところです。

その後、家庭訪問をして家庭の様子を見る、あるいは関係する人々からの話をうかがう、子どもや家族との関係が築かれ、事情を話してもらえたなどによって、多くの情報が集まり、その背景が徐々に明らかになっていきます。

今見える問題行動の早急な改善を求めて、一方的に指示や指導をするだけでは、多くの場合、望ましい結果は得られず、やがては行き詰まって、途方にくれてしまうでしょう。根気よく情報を集め、背景にある事情や本質的な課題を理解し、それに即した手立てを提供することで、事態は好転していくのです。それは一見遠回りしているようでも、結果としては効果的なのです（図1）。

こうした一連の作業をアセスメントといい、症状や問題だけでなく子どもの全体像を多角的な視点からとらえ、そのような状態に至った背景を理解していくことを「包括的アセスメント」と呼びます。

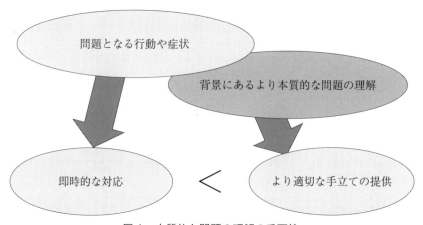

図1　本質的な問題の理解の重要性

3. 包括的アセスメントの流れ

「包括的アセスメント」を定義すると、ケースに関する様々な情報を把握、整理し、症状や問題行動も含めた子どもと家族の全体像の背景にある個別的で、より本質的な問題を理解し、具体的な支援方針を立てて実践につなげていく作業ということになり

ます。

次の3つの段階で成り立っているのが包括的アセスメントです。

- step A　情報の総合的な把握
- step B　背景にあるより本質的な課題を理解、解釈すること
- step C　支援方針を立てる

総合的な情報の把握（step A）→ケースの理解・解釈（step B）→支援方針の設定（step C）という流れが包括的アセスメントの基本となります。様々な情報を踏まえて、問題や症状の背景にある課題の理解や解釈を行い、理解・解釈を踏まえて、支援方針を設定するということです。この一連の流れを図2に示します。

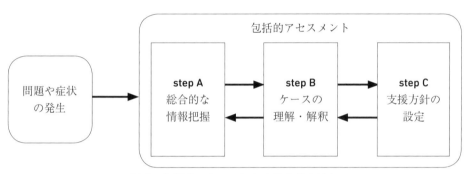

図2　包括的アセスメントの基本的な流れ

step A から C へと並んでいくといっても実際は、ケースの理解・解釈の検討に進んだ後でも、そこで把握したい情報があることに気づき、再び情報の確認や把握に戻ることや、支援方針を検討する際にも、こうした課題を抱えているのではないかと、改めて理解や解釈を検討し直すことも起こります。step A から step C の間で行ったり戻ったりを繰り返しながら、理解を深め、より適切な支援方針の設定を見出していくのです。

包括的アセスメントは、個人で行う場合と関係者が集まって検討会を踏まえて行う場合があります。後者をケースカンファレンスといいます。

4. リスクアセスメントと包括的アセスメント

さて、包括的アセスメントには総合的な情報把握が必要といっても、最初は少ない情報から検討を始める場合がほとんどです。特に児童虐待の通告ケースの場合、その情報は限られています。通告ケースでは家族構成や所属の保育所や学校など、すぐに把握できる情報を押さえ、まずは子どもの安全確認を含む状況把握をすることが第一です。これをリスクアセスメントといいます。リスクアセスメントの結果、生命の危険が迫っている可能性が高いと見なされる場合、家庭への立入調査や子どもの緊急保護などの法的介入が優先されます。

緊急保護などによって、子どもの安全が保障されたとしても、これで終わりではあ

りません。子どもと家族が抱えた課題の解決に向けた支援を行う必要があります。子どもの回復と健全な育ちを保障するためには、むしろここからが重要となります。そこで必要になるのが包括的アセスメントです。様々な視点から多角的に情報を把握し、それらを総合させ、より本質的な課題の理解などへと歩を進めていく段階に入るのです。

5. 包括的アセスメントの展開

　支援方針が定まれば、それに従って支援が動き出します（図3の「支援の実際」）。支援が進んでいくと今まで知らなかった話を聞いたり、見えなかった生活の様子が見えたりするなど、これまで把握されていなかった多くの情報が入ってきます。また設定した支援方針が適切であったかどうか、支援の適切性の有無や程度を実感することになります。これらはすべて重要な情報として新たに付け加えられるのです（図3の「新たな情報の追加」）。

　新たな情報が加わったことで、改めて理解と解釈をし直し、支援方針も見直されていきます。理解や解釈は常に仮説です。適宜こうした作業が繰り返されることで、ケース理解はより深まり、より効果的な支援へと展開していきます。そこで一定の期間ごとに支援者が集ってケースを振り返り、それまでの支援を批判的に評価し、支援内容を修正する作業が重要となります（step D）。

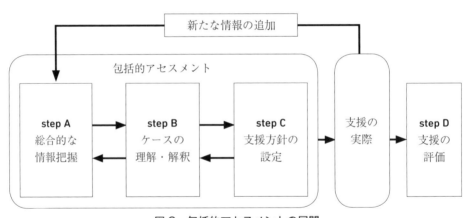

図3　包括的アセスメントの展開

6. 包括的アセスメントの意義

(1) 支援方針を説明する基盤となるアセスメント

　支援者は、子どもや保護者に対して、さらには関係機関に対して、具体的な支援の内容と、なぜその支援が必要なのかを説明する必要があります。その根拠になるのがアセスメントです。「今生じている状況はこのように理解され、その解決のためにはこうした方法が有効である」などと説明されなければ、子どもや家族が納得して支援を受け入れることも、関係機関が支援に協力することもできにくいものです。支援方

針や支援の手立ての根拠を説明することは、アセスメントを説明することそのものなのです。

（2）子どもの全人的な受け止めに適った包括的アセスメント

　本来、唯一無二のかけがえのない存在として子どもを理解し、受け止め、健全な育ちを願い養育する中心は保護者であり家族です。社会的養護や保護を必要とする児童とは、保護者のない児童や保護者に監護させることが適当でないと判断された児童を指します。つまり、自分を全人的に理解し、受け止め、養育する保護者や家族に充分に恵まれなかった子どもたちです。

　「包括的アセスメント」とは、問題行動や症状だけでなく、子どもを全人的に理解し、受け止めようと努めることであり、子どもの健全な育ちのために具体的な支援方針を立て、支援していく営みのことです。つまり包括的アセスメントの営みそのものが、子どもたちがそれまでに得られなかった大人の姿勢とまなざしを届けることにつながるのです。社会的養護や要保護ケースの本来的ニーズに適った行為なのです。

I step A 総合的な情報の把握

ここでは、包括的アセスメントの第1段階にあたる、総合的な情報の把握について学びます。

1. 必須となる情報

情報把握はアセスメントの土台です。包括的アセスメントを行うためには、ケースに関する様々な情報が必要となりますが、次の情報は特に重要です。

（1） 子どもの状態像
（2） 家族の状況
（3） 子どもと保護者の生育歴・生活歴
（4） 子どもと保護者の現状認識と願い
（5） 心理検査と医学的所見

2. 情報を把握するための手立て

情報を総合的に把握するためには次の3つの方法が中心です。

（1）かかわりをもつ機関からの情報把握
（2）本人や家族からの聴き取り
（3）かかわりながらの行動観察

（1）かかわりをもつ機関からの情報把握

対象児童やその家族とかかわる機関は、異なる立場で情報を把握しています。複数の機関から情報を得ることで多角的に情報が把握でき、その分アセスメントはより適切なものとなります。

一方でケースに関する情報は高度な個人情報ですから慎重に扱わなくてはなりません。この点について、市区町村に設置されている要保護児童対策地域協議会（要対協）では、協議会に所属した機関同士で情報を共有することは法的（児童福祉法）に認められています。要対協を適切、効果的に運営し、必要な情報把握に努めることが重要です。また得られた情報はどこの誰からの情報であるかを明記しておくことで、後になって情報の確認が可能となります。

（2）本人や家族からの聴き取り

家庭訪問や面接などを行って、本人や家族から情報を聴き取ります。その際、不躾な態度や上から目線で詮索するような姿勢は厳に慎みましょう。当事者を尊重し、あ

21

くまでも子どもと家族が健康で暮らせるよう支援をするための質問であることを説明した上で、本人や家族の語りを、受容的、共感的な姿勢で傾聴することが基本です。当事者は、支援者が信頼できる人と感じてはじめて本音で話ができ、重要な情報を届けようと思うものです。もちろん、たとえ信頼して話したとしても、語った全てが事実とは限りません。またたとえ事実を話したつもりでも、過去の記憶はおぼろげになっているのが普通です。

時に、子どもから突然、被虐待体験が語られる場合があります。その扱いは慎重でなくてはなりません。命にかかわる場合もありえます。そのときは、根掘り葉掘り聞くのでなく、いつどこで誰が何をしたかの概況を聞くにとどめ、迅速に児童相談所などに連絡し、それ以上の確認は専門の面接者（確認面接や司法面接に通じた専門家）の手にゆだねましょう。

（3）かかわりながらの行動観察

家庭訪問、保育所や学校への訪問時、あるいは面接時などにおいて、当事者の話を聞くだけでなく、子どもの表情や言動、家族の言動、生活の様子や環境などを、しっかり観察することが重要です。支援者は、「かかわる自分」と「観察する自分」のそれぞれが適切に機能し、統合されていることが重要です。このことは支援者に求められる専門性のひとつとなります。

3. 記録について

観察したこと、聴き取ったことを必ず記録に残さなくてはなりません。記録を残すことは、他の支援者へ情報を伝える、あるいは子どもの経過を残すという役割があります。情報伝達という点では、特にチームを組んで対応する施設の場合は必須です。記録を記すためには、冷静かつ客観的な視点で記す能力が必要です。

またいつ、どこで、何が、どのように起こったのかを具体的に把握し、記録に残すよう心がけましょう。例えば、「学校でいつも癇癪を起こしていて、学校不適応です」といった情報に対して、「学校不適応」とひとくくりで鵜呑みにするのではなく、どのような場面で癇癪が起きているのかなど、より具体的に尋ねるなどして、把握することです。尋ねてみたら、長い休み時間に限って癇癪が起きていることがわかり、その時間の対応を工夫するだけで問題が改善したなどは、よくある話です。尋ねることで、尋ねられた側も、観察の視点が先鋭化され、そのぶん子どもの理解が適切なものとなっていきます。

step Aの構成

ここでは、次のステップに分けて情報把握の視点を学んでいきます。

step A1　子どもの状態像の把握

step A2　家族の状況の把握

step A3　子どもと保護者の現状認識と願い

step A4　生育歴・生活歴の把握

step A5　心理的所見と医学的所見

包括的アセスメント
について

総合的な
情報の把握

理解、
解釈

支援方針と具体的な
手立ての検討

ケースの振り返りと
評価

step A1 ｜ 子どもの状態像の把握

ここでは、子どもの状態像の把握について学びます。

1. 把握すべき3つの側面

子どもの状態像を把握するには、次の3つの側面を意識することです。1つは身体的側面で、2つ目が心理的側面です。最後は社会的側面です。これら3つの側面を意識することで、見落としのないバランスのとれた把握を可能にします。

3つの側面は、図のように重なり合った関係にあります。1つの情報が複数の側面にまたがることはありえます。情報をどこかに分類することが目的ではありません。見落としや偏りなく全体像をつかむことが大切なのです。3つの側面を踏まえることで、それが可能になります。

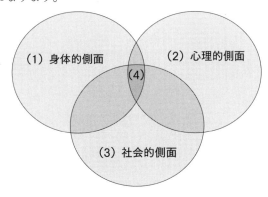

図4　状態像をとらえる3つの側面

2．3つの側面の解説

（1）身体的側面

身体的発育の程度、身体的障害や疾病の有無など、身体に関係する情報です。

以下の情報は、重要度の高い情報として意識しましょう。

・虐待や事故などによる身体的後遺症

身体的虐待は身体的な後遺症を残す場合があります。痣、骨折、火傷痕、内出血、切傷、骨折、硬膜下血腫、熱傷、眼損傷、脳への外傷の後遺症として、視力障害、難聴さらには運動障害などがあります。またネグレクトのケースの場合、低身長や低体重といった成長障害、栄養失調、虫歯などがあります。心拍や脈拍の乱れ、体温調整の問題などの身体機能に影響を与える場合もあります。また性的虐待の場合は、陰茎や肛門の裂傷、性感染症などがありえ、被害を受けたのちすぐに身体検査を受けることが重要です。

・生来的な障害や疾病

生来的な身体的障害、難病、てんかん、脳性まひ、アレルギーなどの疾患を把握します。

・発育状況や健康上の留意点

発育の遅れ、運動機能の遅れ、体温の低さ、体温の変動、血行の悪さ、皮膚のあれ、病気になりやすさ、頭痛、腹痛、生理不順などの有無とその症状を把握します。

・その他

その他の身体的側面に関することを把握します。

（2）心理的側面

心の状態に関する情報を把握するための側面です。幼少期からの身体的虐待やネグレクトなどの不適切な環境は、言語発達の遅れ、情緒発達の遅れ、歪んだ感情表現、年齢不相応で不適切な言動など、多様な問題や症状を生じさせる可能性があります。まずは発達年齢に比して現状はどうかといった視点でとらえてみることです。以下の視点で情報を把握、整理すると良いでしょう。また問題となるところだけでなく、優れているところに注目することは重要です。肯定的な側面に焦点を当てることは、それだけでも子どもの回復と育ちを支える力となります。

・認知・言語

記憶、思考、知識、概念形成、言語発達など認知機能に関するものです。会話の成立しにくさ、過去の振り返りのできなさ、話の筋道の通らなさ、言語理解の弱さなど、認知機能を疑う場面の把握（そのときのやり取りを簡潔に記録しておくこととよい）は重要です。学校での各教科の成績も重要です。教科によって偏りが大きい場合が少なくありません。IQ値など認知に関する諸検査の結果もここに含まれます。

・情緒・行動上の問題や習癖

安心感や信頼感の程度、欲求や情動のコントロールの様子、欲求不満に対する対処のあり方、主体的に活動できているか、規範やルールに対する態度、逸脱行動の有無、情緒発達、精神症状などを把握します。心的発達や心の問題に関係するところ

でもあり、一般の子どもの心的発達の過程を押さえておくことが求められます。また精神疾患の症状にどのようなものがあるかを学んでおくと、かかわる子どもの精神的症状や留意すべき言動が把握しやすくなります。

・遊びの様子・趣味・特技・魅力
年齢相応の遊び、趣味、嗜好、得意な活動、秘めた能力、笑顔などの魅力、秀でた個性など、具体的に記載します。子どもの趣味や特技、好きなキャラクターやスポーツ選手、動物、植物、乗り物など親和的な世界を知っておくことは、子どもとの関係作りにおいて有効です。また日常の些細なやり取りから感じ取れたその子の魅力を貴重な情報として押さえましょう。支援者は問題となる事柄ばかりでなく、こうした子どもの良き資質に注目する姿勢が重要です。

・その他
恐怖（その対象）、不安、葛藤、悩みについての語りや自己評価などその子どもにとって重要と思われる側面を把握します。

（3）社会的側面

子どもの育ちは、養育者との関係から、徐々に他の大人との関係や子ども同士の関係へとその範囲を広げていきます。こうした関係性や年齢相応の社会性を把握する視点です。虐待やネグレクトなどによって、養育者との安定した関係が築かれずにきた子どもたちは、人との関係の築きにくさ、友人とのトラブル、集団不適応、社会的スキルの欠如などの問題が生じやすい傾向にあります。一方、被虐待児のなかには、虐待をした保護者以外の人と安定した関係を築いてきた子どもがいます。こうした関係性をとらえることは重要で、その対象となる人物は、その後の子どもの支援にとって大切な応援者になり得ます。

・支援者との関係
【対象】SW との関係、保健師との関係、訪問員との関係、保育士との関係、教諭との関係、医師との関係、その他かかわる支援者との関係などを把握します。
【内容】親密、依存、反発、拒否、支配、服従、極端な関係性の揺れ動き、被害感、恨み、過剰期待、過剰適応など、具体的にとらえます。

・家族との関係
【対象】母親との関係、父親との関係、きょうだい関係、祖父母との関係、その他親族との関係をとらえます。
【内容】親密、依存、密着、反発、拒否、支配、服従、極端な関係性の揺れ動き、被害感、恨み、過剰期待、過剰適応、病的な関係などの関係の質をとらえます。

・子ども同士の関係
年齢に即した友人関係の発達の様子、関係のとれなさ、友人の存在や内容、集団不適応、支配、服従、阻害、愛他行動、トラブル、いじめ、非行グループなどに関して具体的に把握します。

・社会的スキル
年齢に即した基本的な社会的スキルの様子
自他の区別、社会的マナー、交通機関の利用、金銭の扱い、公共機関とのやりとり

など、SST に関する評価など具体的に把握します。

・その他

周囲の人々、環境、社会をどうとらえているか、など

（4）共通する側面

3 つの側面は重なり合っています（図 4）。基本的な生活習慣は、3 つの側面のいずれにも関係する重要な領域となります。養育者の不在やしつけの不充分さは、食事、睡眠、排泄、衛生感覚など基本的な生活のあり様に顕著に現れます。この他にも子どもの表情や服装など、3 つの側面が重なり合ったところといえるでしょう。

・生活リズムと基本的生活習慣

生活リズム（居所の一貫性と安定性、一貫性のある日課、就寝と起床時間、こだわり、その他）

食事（咀嚼、味わい、食事への態度、過食や拒食、偏食、マナー、食事のリズム、食卓の様子、食事の内容、こだわりなど）

睡眠（睡眠のリズム、就寝時と起床時、就寝への恐怖や不安、入眠困難、眠りの浅さ、早朝覚醒、夜驚、悪夢、夢遊、居眠り、睡眠環境など）

排泄（排泄のリズム、おむつに関すること、トイレットトレーニングの様子、トイレの習慣、便秘、頻尿、遺尿、遺糞、便やトイレにまつわる特異な言動など）

入浴・清潔（入浴の習慣、浴室環境、着替え、歯磨き、清潔に関する年齢相応の感覚と習慣、浴室に対する態度、服へのこだわり、清潔に関する特異な言動など）

その他

・容姿、表情、服装など

表情のなさ、特異な容貌、眼差しのきつさ、髪型、特異な服装、季節感のない服装など

work A1-1　子どもの状態像を 3 つの側面で整理する

　この事例は身体的虐待とネグレクトが理由で児童養護施設に入所して 2 か月が経過した小学校 2 年の男児 A 男のケースです。施設や通学する学校での様子が語られています。この事例報告を読み、3 つの側面と共通する側面に情報を分類整理してみましょう。20 ページにある「子どもの状態像の把握票」は側面ごとに記載できるようになっています。この票に記載してみましょう。

　票に記載してみることで、把握できていない情報が明確になります。これらの情報をどのように把握したらよいかを考え、把握に努めていくことも、包括的アセスメントの重要な作業となります。

　参考として、A 男について記載したものを示します。自分が作成したものと比べてみてください。

A男の事例　児童養護施設に入所した男児A男の様子

　小学校2年の男児です。身長や体重は同年齢児の中では低いほうです。色白で背を丸めて縮こまった様子です。髪は伸び放題で耳や目を覆っています。頭がかゆいのかさかんに頭を掻きます。髪を切るように促すのですがかたくなに拒みます。

　食事は飲み込むように速く食べて、味わっているように見えません。夜はなかなか寝つくことができず、眠っても物音ですぐに目が覚めてしまうようです。悪夢を見てうなされることも頻繁です。

　不安が強いのか、いつもきょろきょろと周囲をうかがい、1つのことに落ち着いて取り組むことができません。他児の言動に敏感で、少しでも自分が馬鹿にされたかと思うと怒り、食ってかかります。子ども同士の遊びでは、ルールが共有できず、勝ち負けに執拗にこだわるためトラブルになりがちです。喧嘩が始まると、相手をにらみつけて「てめー、殺すぞー！」などと凄み、殴るなどの暴力をふるいます。職員が注意してもなかなか気持ちを鎮めることができず、「どうせ俺ばかり叱られる」「俺は馬鹿だし。だめな人間だし」と毎回のように口にします。特に女性職員が止めに入ったときには、職員に対しても暴言やときに暴力が見られます。こうした友人間でのトラブルが1日の中で数回起こり、そのため友人から疎まれてしまいます。

　男性職員の指示には比較的従うのですが、女性職員に対しては自分の言いなりに動かそうとします。いつも自分のそばにいてほしいとせがみ、他の用事で無理なことを伝えてもなかなか納得ができません。

　自分の気持ちを豊かに表現することはできず、悲しいはずのテレビを見ているときに笑っているなど適切な受け止めができていないように見えます。また食事中に限って「これ母さんに煙草の火をつけられた痕だよ」などと淡々と話すのが気になります。

　学校では、落ち着いて取り組むことが難しく、特に集団活動では、自分の要求を押し通し、それが通らないと暴言や暴力に至ってしまいます。休み時間も級友とのトラブルが多く、目が離せないということです。主要教科の学力は低いです。ただ工作は好きで、手先が器用なこともあって、落ち着いて取り組めれば皆が感心するほどの作品を作ることができます。オセロも強く、どこでこの力をつけたのか不思議なほどです。

　居室で1人でいるときや職員と2人だけで入浴しているときなどは、別人のように落ち着いて穏やかに過ごすことができます。

　母親とは月に1回の面会を予定していますが、来られないことが多く、たまに来られたときは、母親の前で直立不動で立っている本児の姿が印象的でした。

　入所前の一時保護所でも、落ち着きがなく、1箇所に留まらずに動き回っていました。子ども同士のトラブルも多く、暴言や暴力がひどくて職員が制止に入る必要がありました。児童相談所の精神科医師の診断は、「注意欠陥多動性障害の疑い」ということです。

知能検査を行ったところ、WISC-ⅣでTIQ80、PIQ95、VIQ75でした。

包括的アセスメントについて

**総合的な
情報の把握**

理解、
解釈

支援方針と具体的な
手立ての検討

ケースの振り返りと
評価

A男の状態像を整理してみましょう。

<table>
<tr><td colspan="5" align="center">子どもの状態像の把握票</td></tr>
<tr><td>イニシャル</td><td></td><td>性別</td><td></td><td>相談受理年齢
（月齢／学年）</td><td></td><td>現在の年齢
（月齢／学年）</td><td></td></tr>
</table>

身体的側面	虐待や事故などによる後遺症	
	疾患・障害	
	発育状況や健康の留意点	
	その他	
心理的側面	認知・言語	
	情緒・行動上の問題や習癖	
	遊びの様子・趣味・特技・魅力	
	その他	
社会的側面	支援者との関係	
	家族との関係	
	子ども同士の関係	
	社会的スキル	
	その他	
共通することの多い項目	生活リズムと基本的生活習慣	生活リズム	
		食事	
		睡眠	
		排泄	
		入浴清潔	
		その他	
	容姿、表情、服装など		

以下の票はＡ男について記載したものです。自分が作成したものと比べてみましょう。

Ａ男の状態像の記載例

<table>
<tr><td colspan="9" align="center">子どもの状態像の把握票</td></tr>
<tr><td>イニシャル</td><td>Ａ男</td><td>性別</td><td>男</td><td>相談受理年齢
（月齢／学年）</td><td>7歳
（小学2年生）</td><td colspan="2">現在の年齢
（月齢／学年）</td><td>7歳
（小学2年生）</td></tr>
<tr><td rowspan="4">身体的側面</td><td colspan="3">虐待や事故などによる後遺症</td><td colspan="5">手の甲の火傷痕。</td></tr>
<tr><td colspan="3">疾患・障害</td><td colspan="5"></td></tr>
<tr><td colspan="3">発育状況や健康の留意点</td><td colspan="5">身長や体重は同年齢児の中では低いほう。色白。頭のかゆさ。</td></tr>
<tr><td colspan="3">その他</td><td colspan="5"></td></tr>
<tr><td rowspan="4">心理的側面</td><td colspan="3">認知・言語</td><td colspan="5">主要教科の学力は低い。 WISC-Ⅳで TIQ80、PIQ95、VIQ75　結果はボーダーラインの知的水準で、言語性が低く、動作性が高い。</td></tr>
<tr><td colspan="3">情緒・行動上の問題や習癖</td><td colspan="5">いつもきょろきょろと周囲をうかがい、1つのことに落ち着いて取り組むことができない。児童相談所医師の診断は「注意欠陥多動性障害の疑い」。
　自分の気持ちを豊かに表現することはできない。悲しいはずのテレビを見ているときに笑っているなど感情の動きが特異。食事中に限って「これ母さんに煙草の火をつけられた痕だよ」などと淡々と話す。他児の言動に敏感で、少しでも自分が馬鹿にされたかと思うと怒り、食ってかかる。手が出たり、唾を吐きつけるときもある。自分の要求を押し通し、それが通らないと暴言や暴力に至る。居室にいるときや入浴の際は穏やかで落ち着いている。手先が器用。</td></tr>
<tr><td colspan="3">遊びの様子・趣味・特技・魅力</td><td colspan="5">子ども同士の遊びでは、ルールが共有できず、勝ち負けに執拗にこだわるためトラブルになりがち。工作がすきで、工作の時間は別人のように落ち着いて穏やかに取り組み、皆が感心するほどの作品を作ることができる。</td></tr>
<tr><td colspan="3">その他</td><td colspan="5">不安が強いのか、おどおどしている。</td></tr>
<tr><td rowspan="5">社会的側面</td><td colspan="3">支援者との関係</td><td colspan="5">喧嘩などの際、職員が注意してもなかなか気持ちを鎮めることができない。特に女性職員が止めに入ったときには、職員に対しても暴言やときに暴力がある。男性職員の指示には比較的従うが、女性職員に対しては自分の言いなりに動かそうとする。いつも自分のそばにいてほしいとせがみ、他の用事で無理なことを伝えてもなかなか納得ができない。職員と1対1になると、別人のように落ち着いて穏やかに過ごすことができる。</td></tr>
<tr><td colspan="3">家族との関係</td><td colspan="5">面会時母親の前で直立不動。母親の指示に「ハイ」と返事をし、言われたとおりに動いていた。</td></tr>
<tr><td colspan="3">子ども同士の関係</td><td colspan="5">他児の言動に敏感で、少しでも自分が馬鹿にされたかと思うと怒り、食ってかかる。子ども同士の遊びでは、ルールが共有できない。勝ち負けに執拗にこだわるためトラブルになりがち。友人から疎まれている。</td></tr>
<tr><td colspan="3">社会的スキル</td><td colspan="5">食事のときに手づかみで食べる</td></tr>
<tr><td colspan="3">その他</td><td colspan="5">いつもきょろきょろと周囲をうかがう。</td></tr>
<tr><td rowspan="7">共通することの多い項目</td><td rowspan="6" colspan="2">生活リズムと基本的生活習慣</td><td>生活リズム</td><td colspan="5"></td></tr>
<tr><td>食事</td><td colspan="5">食事のときに箸を使いこなせず、手づかみで食べるときがある。食事は飲み込むように速く食べて、味わっているように見えない。</td></tr>
<tr><td>睡眠</td><td colspan="5">夜はなかなか寝つくことができず、眠っても物音ですぐに目が覚めてしまう。悪夢を見てうなされることも頻繁。</td></tr>
<tr><td>排泄</td><td colspan="5"></td></tr>
<tr><td>入浴
清潔</td><td colspan="5">髪は伸び放題。</td></tr>
<tr><td>その他</td><td colspan="5"></td></tr>
<tr><td colspan="3">容姿、表情、服装など</td><td colspan="5">背を丸めて縮こまった様子。髪が伸びて耳や目を覆っている。</td></tr>
</table>

| work A1-2 | 子どもの状態像の把握 |

step 0

I......step A

II......step B

III......step C

IV......step D

次のB子の事例について、状態像の把握票にまとめてみましょう。

B子は4歳になる女児です。夕方遅い時間まで、1人で近所を徘徊していたため、近隣の住民が児童相談所に通告し、保護されました。その後、B子は家に戻り、市の支援を受けて生活することになりました。支援の1つとして、B子は保育所に入所しました。事例は、入所して2か月が過ぎた保育所でのB子の様子です。

B子の事例　保育所に通所しているB子の様子

　保育所に通所して2か月が過ぎた4歳3か月の女児B子です。身長、体重とも同年齢児平均を下回っています。身体は柔らかく乳児のようです。平熱が35度前半で低く、血行が悪いのか青白い顔色をしています。表情が乏しく、集団活動に積極的に取り組もうとしません。

　食事は夢中になって何でも食べます。ただよく噛み味わって食べているようには見えず、むさぼり食べるといった様子です。箸は上手には持てませんがスプーンやフォークは使えます。基本的な生活習慣は未熟な面が多々あります。おむつがまだ取れていません。トイレの使い方や、お尻のふき方を教えて、少しずつおむつを外す時間を増やしています。着替えは毎日できているようですが、サイズが合わなかったり、擦り切れた服を着ていることが目立ちます。プールに入る前にシャワーを見たとたんに立ちすくみしばらく動かなくなりました。

　言葉は遅れており、会話も活発ではありません。保育師に抱っこを求めることが多く、抱っこをすると赤ちゃんのようです。漫画のキャラクターや流行りの玩具など、この年齢の女児が興味の持てそうなことを話題にするのですが、関心がないようです。同年齢児が当たり前に知っていることでも、B子にはわからないようです。困ったことがあっても、なかなか伝えられません。自由遊びのときは、友達の輪には入らず、1人でいることがほとんどです。土や石ころを触って遊ぶのが好きなようです。絵は殴り描きのような絵ですが、描き始めれば熱心に描いています。

　一時保護されたときにとった知能検査は田中ビネーで、IQが75でした。

30

B 子の状態像を整理してみましょう。

子どもの状態像の把握票							
イニシャル		性別		相談受理年齢 （月齢／学年）		現在の年齢 （月齢／学年）	
身体的側面	虐待や事故などによる後遺症						
	疾患・障害						
	発育状況や健康の留意点						
	その他						
心理的側面	認知・言語						
	情緒・行動上の問題や習癖						
	遊びの様子・趣味・特技・魅力						
	その他						
社会的側面	支援者との関係						
	家族との関係						
	子ども同士の関係						
	社会的スキル						
	その他						
共通することの多い項目	生活リズムと基本的生活習慣	生活リズム					
		食事					
		睡眠					
		排泄					
		入浴清潔					
		その他					
	容姿、表情、服装など						

31

自分の担当している事例について、子どもの様子を票にまとめてみましょう。

子どもの状態像の把握票						
イニシャル		性別		相談受理年齢 （月齢／学年）		現在の年齢 （月齢／学年）	

身体的側面	虐待や事故などによる後遺症				
	疾患・障害				
	発育状況や健康の留意点				
	その他				
心理的側面	認知・言語				
	情緒・行動上の問題や習癖				
	遊びの様子・趣味・特技・魅力				
	その他				
社会的側面	支援者との関係				
	家族との関係				
	子ども同士の関係				
	社会的スキル				
	その他				
共通することの多い項目	生活リズムと基本的生活習慣	生活リズム			
		食事			
		睡眠			
		排泄			
		入浴清潔			
		その他			
	容姿、表情、服装など				

32

step A2 | 家族の状況の把握

社会性の発達と共に、保育所、学校、地域社会へと広がっていきますが、子どもにとって世界の一番中心にあるのが家族です。家族が子どもに及ぼす影響の大きさは計り知れません。家族の状況を把握することは、子どもが示す問題や症状の背景を検討する上で必須なのです。特に社会的養護を必要とする児童や要保護ケースの児童は、家族が養育上の課題を抱えています。家族の状況を把握し、子どもの育ちに悪い影響を与えている状況、虐待の発生につながるメカニズムなどを整理、検討し、そこに支援の手を届け、改善を図ることへと展開します。

家族の状況の把握については、次の 6 つの **step** で進みます。

---

step A2-1　ジェノグラムの作成

step A2-2　保護者の状態像の把握

step A2-3　家屋の状況や経済状況の把握

step A2-4　24 時間の生活の様子

step A2-5　家族関係と家族の価値観や文化

step A2-6　家族と関係のある人や機関（エコマップ）

---

step A2-1　　　ジェノグラムの作成

ジェノグラムとは家族の構成を図示したものです。父母と子ども、母子家庭、父子家庭、実母と継父と子どもなど家族構成は様々です。要保護・支援ケースは家族構成が複雑な場合が少なくありません。離婚と再婚、同居や別居などが繰り返された複雑な家族構成でも、ジェノグラムを描き視覚化することで、家族構成がわかりやすくなり、家族の理解を深めていく際に極めて有益な図となります。祖父母世代、親世代、子ども世代といった少なくとも 3 世代についての関係を示すよう努めます。3 世代に渡って引き継がれた根深い課題が、今の問題につながっている場合が少なくないからです。

ジェノグラムの記載の仕方については、厳密なルールがあるわけではありませんが、ここでは一般的に用いられている要領に従います。ただ複雑なケースの場合、その要領に従っていても描くことが困難な場合があります。その場合は、わかりやすさを優先して、描くことになります。

包括的アセスメント
について
・・・・・・・・・・・・・・・・・・・・・・・・

**総合的な
情報の把握**
・・・・・・・・・・・・・・・・・・・・・・・・

理解、
解釈
・・・・・・・・・・・・・・・・・・・・・・・・

支援方針と具体的な
手立ての検討
・・・・・・・・・・・・・・・・・・・・・・・・

ケースの振り返りと
評価
・・・・・・・・・・・・・・・・・・・・・・・・

step 0

I......step A

II......step B

III......step C

IV......step D

―基本的な書き方の要領―

男性は□、女性は○で、原則男性を左、女性を右に表示

ケース対象となる子どもは二重線で表示　例　◎

婚姻関係が実線（①）、同居や内縁関係は破線（②）、離婚は／／　別居は／です。婚姻や同居の順は左から右へ表示（③、④）

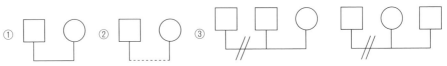

上記の例は離婚後再婚したケースです。左右どちらでもよいですが、左が時系列を意識した描き方です。④のように離婚や再婚などが3回以上になった場合は時系列を意識した書き方が有効です。

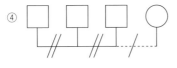

左記の例は婚姻、離婚、再婚、離婚、同居、別居を示します。

左記のように母親を左に置き、婚姻、同居した男性を右に展開する描き方もあります。

世代が上から下に祖父母世代、父母世代、子ども世代の順になる

死亡は　⊠　⊗　で表示

同居家族を破線で囲む

年齢や職業、離婚死亡時などをジェノグラムに記載するとわかりやすい

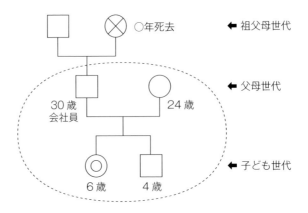

次の票に示したのはA男の家族のジェノグラムと別の家族のジェノグラムです。

ジェノグラム記載例　A男の家族のジェノグラム

左図はA男の家族のジェノグラムです。実父との間にA男と妹が生まれています。両親が離婚し、母親は2人の子どもと生活します。その後内縁の男性と同居し、A男と妹と一緒に暮らしています。実母方祖父母は離婚しており、祖母の再婚相手がいます。祖母は妹が生まれる1年前になくなっています。実母には姉がいます。

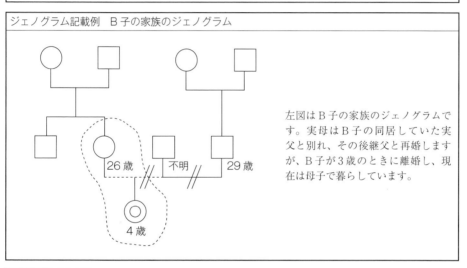

ジェノグラム記載例　B子の家族のジェノグラム

左図はB子の家族のジェノグラムです。実母はB子の同居していた実父と別れ、その後継父と再婚しますが、B子が3歳のときに離婚し、現在は母子で暮らしています。

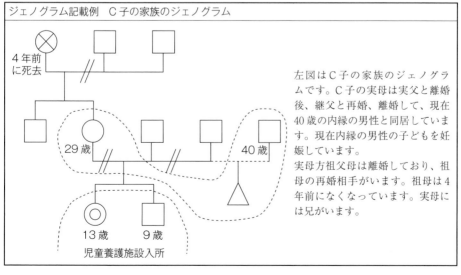

ジェノグラム記載例　C子の家族のジェノグラム

左図はC子の家族のジェノグラムです。C子の実母は実父と離婚後、継父と再婚、離婚して、現在40歳の内縁の男性と同居しています。現在内縁の男性の子どもを妊娠しています。
実母方祖父母は離婚しており、祖母の再婚相手がいます。祖母は4年前になくなっています。実母には兄がいます。

包括的アセスメントについて

総合的な情報の把握

理解、解釈

支援方針と具体的な手立ての検討

ケースの振り返りと評価

work A2-1a　　　　　　　ジェノグラムの作成

次の3つの事例のジェノグラムを描いてみましょう。事例1は初級、事例2は中級、事例3は上級です。

事例1　子どもが語る家族です。これを聞きながら右側の枠内にジェノグラムを描いてください。

僕は10歳で、今は3つ下の妹と一緒に施設で暮らしています。お母さんは夜遅くまで仕事をしていて、いつもきょうだい2人で家にいました。お父さんは小さい頃に亡くなったそうです。

3か月前からおじさんが一緒に暮らすようになりました。おじさんは、初めは玩具とかよく買ってくれましたが、僕たちを怒鳴っ

たり叩いたりするようになりました。それで児童相談所の人が僕たちをここに連れてきました。お母さんのお腹の中には今赤ちゃんがいて、おじさんと結婚するそうです。

おじいちゃんとおばあちゃんの家に遊びに行ったことがあります。お母さんの昔のお家です。お母さんの弟も一緒に住んでいて、僕たちにお小遣いをくれました。

事例2　ある重大事件をもとにしたジェノグラムです。2001年8月時点でのジェノグラムを描いて下さい。

1994年　実父母が結婚、9月にD男出生。
1995年　実父母離婚。親権者は実母だが、D男は実父の実家（父方祖父母と実父の姉が同居）に預けられる。
1996年　実母（兄が4人いる）の兄（長男）が友人に殺害される。実母が2度目の結婚をし、同年離婚する。

1998年　実母と継父が結婚、11月にE君出生。
2001年1月　実母と継父がD男を引き取り、4人で暮らし始める。
2月　実母、D男のしつけ相談のため児相を来所。D男の骨折や皮下出血が見つかり、一時保護。
3月　D男、児童養護施設に入所。

4月、小学校入学。

8月　D男、両親宅に10日間の一時帰宅。母方祖母が帰宅中に訪問すると、D男が顔を腫らして寝かされていたため、病院に連れて行くように話すが拒否される。数日後に継父からの暴行により、D男は死亡に至る。

※母方祖母は母方祖父と結婚、離婚、再婚、離婚を繰り返している。母方祖父は亡くなっている。

事例3　女児F子の家族のジェノグラムを書いてみましょう。

- 実母は、妊娠5か月まで気づかず、18歳で女児F子を出産。出生届と同時に入籍、結婚。手のかからない子どもで、夜泣きもなかったという。実父は無職で、実母が工場で働いた。その間は実父方祖母が面倒をみた。

- 2歳時に実父母離婚。F子を夜間保育所に預けて、実母は夜働いた。この頃は感情に任せて叩くことが多かった。

- 3歳時に内夫Aと同居。同年次女を出産。結婚に至らず、親権は内夫Aに。実母は不安定になり、母子心中を図る。

- 6歳時に別の男性Bと同居。DVやF子への暴力があり、酒を飲むとそれがひどかった。近隣では毎晩のように悲鳴が聞こえたという。

- 小学校入学後、Bと別れ、転居。その後、F子は授業中暴れるなどの問題が多発する。

- 実母は小1の冬頃から、妻と子（姉、弟）のあるCと交際するようになり、同居する。実母はCから屋台を任されており、その後交際に至ったようである。CからF子への暴力はひどく、バットなどを使って殴るときもあり、F子は一人でBの家に逃げたり、そこにもいられないと徘徊するようになるが、次の日の朝には必ず学校に登校した。

- 実母の実家は隣県で、4人姉妹の長女である。実母の1つ違いの妹は、F子のことをとても心配している。実母の父母は中学校の頃に離婚、親権は祖母が持った。祖父は成人後死亡している。

参考
各事例のジェノグラムの解答例です

事例-1

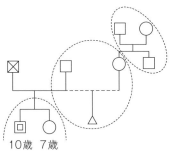

事例-2

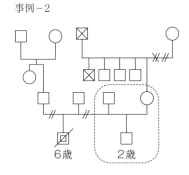

事例-3a

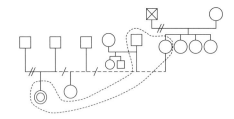

事例-3b

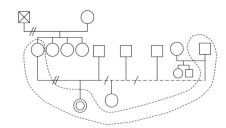

＊3aと3bは実母との婚姻あるいは同居関係にある男性の左右を逆にしたものです。
＊原則にならえば3aですが、3bの方が時系列に沿って描きやすいメリットがあり、必ずしも原則通りに描く必要はなく、家族構成のわかりやすさが優先されます。

work A2-1b　ジェノグラムの作成

自分の担当ケースについてジェノグラムを実際に描いてみましょう。

家族の状況 A2-1b：ジェノグラム
ジェノグラム

step A2-2	保護者の状態像の把握

家族の中でも、子どもの養育に一番責任を持ち、絶大な影響を与えているのが保護者です。保護者がどのような人なのかを把握し、子どもの状態と関連付けて検討することで、その影響がどうであるか（あったか）の理解を助けてくれます。その他の家族成員についても同様で、子どもとの関係が近いほどにその影響は大きいと考えます。

子どもの状態像の把握と同様に、保護者についても、身体的側面、心理的側面、社会的側面のそれぞれでとらえますが、成人の場合は社会的存在としての位置づけが強くなるため、心理的側面と社会的側面は重なるところが多くなり、成人ゆえの把握すべき項目が必要となります。以下に把握の必要な視点をあげます。

（1）身体的側面
健康面や身体的特徴などに関する項目です。
・**健康面**：身体的疾患や障害、病気などを記載します。
　例）糖尿病で通院している、腰痛がひどくて歩行が困難、聞こえが悪く補聴器がないと聴きづらい、などです。
・**身体的特徴**：容姿、表情、身体つき、服装、髪型、語り口調、立ち居振る舞いなどです。
　例）すっきりした顔立ちの父親だが、青白くて表情や口調がかたい。

（2）心理的側面と社会的側面
・**基本的生活習慣**：生活リズムや睡眠、食事、衛生などの基本的な生活の営みに関する情報です。
　例）生活リズムの乱れ、食事を作れない、掃除がされていない、ものが散乱している、流しなどが汚れていて不衛生、入浴の頻度が極端に少ない、着替えない、洗面や歯磨きの習慣がない、遅い就寝や起床、昼夜逆転の生活など
・**精神・知的側面**：精神的疾患、嗜癖、知的障害。発達障害などの有無とその状態
　例）産後うつ病で精神科クリニックに受診している
　例）希死念慮があり、子どもの前でもリストカットをしてしまう
　例）知的な遅れが疑われ、説明しても、わかっていないことが多い
　例）場面や状況で人が変わったように豹変する
・**行動上の問題**：周囲や自分が困るような行動や症状の有無と状態で、頻繁な暴力、頻繁に家を空ける、嘘、過度な飲酒、怠惰、衝動的な買い物、強迫行動、過度の潔癖さ、万引き、不適切な性行動、徘徊、携帯やPCへの依存、薬物への依存、パチンコ依存など多岐にわたります。
　例）些細なことを被害的に受け止め、激しく怒り、時に暴力をふるう
　例）子どもを残して家を空け、長時間パチンコにふける
　例）子どもがいても平気でアダルトビデオを見るなどしている
　例）潔癖で、子どもが汚れて帰宅し、夜尿をすることに我慢ができず、怒る
・**特異な価値観**：暴力、性、生活習慣、学歴、社会的地位などへの特異的な価値観や

包括的アセスメントについて

総合的な情報の把握

理解、解釈

支援方針と具体的な手立ての検討

ケースの振り返りと評価

39

認識の有無とその内容です。

例）事の解決に容易に暴力を強いることや、しつけには暴力しかないと主張する

例）子どもの前で、性的な話題をし、性的な映像を親子で視聴し、それは普通のことと語る。

・**就労状況・金銭管理**：就労内容、勤務状況（勤務時間や曜日、欠勤や休職、金銭感覚、管理の状況など）などです。

例）月の前半にお金を使い果たし、月の後半は困窮状態となる

例）職場の人間関係で悩んでおり、眠れないほどである

例）夜間の仕事で、朝方帰宅する。夜間子どもが一人で過ごしている

例）仕事の内容は不明だが、収入が多いようで、ぜいたくな暮らしをしている

・**親子関係**：特異な関係性の有無やその内容です。

例）子どもに対して拒否的、子どもに対する著しい支配性、子どもの親に対する服従、親に対する根強い不信感、親への恐怖心、親への強い依存、親子で対立している、希薄な関係、親子が共生的、呪縛的、子どもに対する劣等感や負い目、親に対するアンビバレントな感情など

・**他者との関係（親子以外）**：親以外の他者に対する上記のような関係性の有無とその内容です。

例）支援者に対して懐疑的で、支援の提案には拒否をする

例）夫に対して服従的で恐怖心を抱いている。DV を受けている

例）実の親との関係は希薄でここ数年会っていない

・**趣味、嗜好、特技**

例）スポーツが好きで、特に野球には目がない

例）アニメが好きで、アニメの話題になれば生き生きとしてくる

例）模型作りが得意

例）芸能情報に詳しい

・**保護者の魅力や能力**：魅力、能力、資質、前向きな人生観など、生きる力に通じるものです。

例）笑顔が健康的で、周囲をほっとさせる

例）一度決めたら、頑張って貫く姿勢がある

例）丁寧に説明すれば、理解、納得して行動を改めることができる

次の票は、Ａ男の保護者について記載したものです。

A 男の家族の状況 A2-2：保護者の状態像					
本児との関係	母親	相談受理年齢	28 歳	現在の年齢	28 歳

項　　目	内容
健康面	体調を崩しやすい。「ストレスが身体に出やすい」と施設職員に話している。 過食で毎日飲酒していて肥満傾向。
身体的特徴	目つきが鋭く、表情がかたい。身体が大きい。
基本的生活習慣	疲れやすいようで、掃除などできないときがある。そのときは内縁の男性がしている。朝は起きづらく朝食は作らない。夕食はきちんと作る。
精神・知的側面	家の片付けなどに神経質。 いらいらすることが多く、怒りやすい。
行動上の問題	初めての人や近隣などに対しては、緊張して気を遣いすぎるところがある。 家族に対しては、怒りの感情が高ぶると暴言や手が出る。 飲酒が止められず、飲まないと眠れないという。飲酒時には余計に怒りやすく、それは母親自身も気にしている。
特異な価値観	子どもへの過度な要求（家事や弟の面倒など大人の役割を押し付ける）
就労状況・金銭管理	現在は無職。内縁の男性の収入で生活している。金銭管理については家計簿をつけて計画的に行っているが、月の終わりには苦しくなって、そのことでいらいらして子どもにあたることがあるという。
親子関係	支配的で、自分の意に従わないと怒り、強い姿勢で思いを通そうとする。その際にタバコの火を押し付ける。
他者との関係（親子以外）	児童福祉司と会いたがらない。児童相談所は嫌いだと施設職員に話す。面会など、児童福祉司と約束したことが果たせないことが多いので、それを気にして会いたがらないようでもある。 Ａ男の担当職員（女性）には、Ａ男への厳しい対応を望むような言動が多い。「先生は甘すぎる」と言うことがある。 男性のFSW（家庭支援専門相談員）とはよく話をする。 親族：実母の姉は遠方に住んでおり、4年以上会っていない。母親の継父とも疎遠で、祖母の葬式のときに会ったのが最後（5年前）。 近隣住民には気を遣い、丁寧に挨拶をする。しかし親しく話すような人はいない。
趣味・嗜好・特技	野球観戦。 喫煙、飲酒は止められないと言う。
保護者の力	まじめで頑張ろうとする意欲は高い。 Ａ男に対する要求は高いが、Ａ男のことを心配しており、しっかりした大人になってほしいと願っている。

家族の状況 A2-2：保護者以外の家族成員の特徴				
続柄	年齢	職業や所属	特徴　障害や疾病	趣味など
内父	33 歳	新聞の配達と勧誘	温和。まじめに働き、近所の人とも挨拶を交わし、人当たりはいい。 実母に気を使い、家事も良くする。 喫煙、飲酒は母親同様に好きである。	スポーツ観戦、野球
妹	4 歳	保育所（両親が離婚後、0歳児保育から）	保育所で、特に問題は指摘されていない。 勝気が強く、喧嘩になると凄み、相手はすぐに引いてしまうという。	

包括的アセスメントについて

**総合的な
情報の把握**

理解、
解釈

支援方針と具体的な
手立ての検討

ケースの振り返りと
評価

次の票は、B子の保護者について記載したものです。

B子の家族の状況 A2-2：保護者の状態像					
本児との関係	母親	相談受理年齢	26 歳	現在の年齢	26 歳
項　　目	内容				
健康面	身体的には大きな問題はないが、健康診断で、血圧が低く、低血糖症と指摘されている。 不眠があり、クリニックに受診している。そこでうつ病と診断されている。				
身体的特徴	痩せていて、気弱な印象。				
基本的生活習慣	充分にできないことが多い。掃除と食事が苦手で、「やろうと思っても上手くできない」という。段取りがわからないようである。一方で洗濯は毎日できていて、子どもの求めに充分に応じられない。家庭訪問の際にも、子どもが家の中で放っておかれている印象がある。保育所の送迎は時々遅れるものの毎日できている。				
精神・知的側面	不眠だったが、服薬で何とか眠れている。うつ病と診断されており、家事などに意欲がわかないという。 会話が通り一遍で、自分の思いなどが上手に伝えられない。				
行動上の問題	何事にも意欲が乏しく、クリニックには通えているが、他は家で過ごしていることが多い。買い物も近くのコンビニで済ますことが多い。				
特異な価値観	実母の主治医の話では、半年前には希死念慮があり、現在は薄らいでいるという。しかし生きる意欲が低下していて、人生に希望を持てずにいるような印象である。				
就労状況・金銭管理	生活保護を受給している。離婚した実父と継父からは養育費など何も受け取っていない。				
親子関係	希薄な関係で、家の中で放置されている様子。B子の抱っこの求めには時々応じるが、会話などのやり取りは少ないようである。B子のことを大切にしなくてはいけないという思いはあるようだが、かわいいとは思えないようである。				
他者との関係（親子以外）	クリニックの主治医を信頼している。かつて職場の同僚だった友人がひとりいて、子どもを一時期預けたことがある。友人は実母を心配しているようで、月に一度は自宅にたずねて来るそうである。クリニックも友人の紹介で通うようになった。				
趣味・嗜好・特技	喫煙。以前は非行少女だったらしいのだが、今はそういう印象が全くない。				
保護者の力	クリニックに通ってよくなろうとしているところ。子どもへの応答は少ないが、抱っこするところ。洗濯をするところ。（きちんと伝えれば、できること多いのではないか？）				

家族の状況 A2-2：保護者以外の家族成員の特徴				
続柄	年齢	職業や所属	特徴　障害や疾病	趣味など

work A2-2	保護者の状態像の把握

包括的アセスメント
について
・・・・・・・・・・・・・・・・・・・

総合的な
情報の把握
・・・・・・・・・・・・・・・・・・・

理解、
解釈
・・・・・・・・・・・・・・・・・・・

支援方針と具体的な
手立ての検討
・・・・・・・・・・・・・・・・・・・

ケースの振り返りと
評価
・・・・・・・・・・・・・・・・・・・

自分の担当するケースの保護者の状態像を票に記載してみましょう。

家族の状況 A2-2：保護者の状態像		
本児との関係	相談受理年齢	現在の年齢
項　目	内容	
健康面		
身体的特徴		
基本的生活習慣		
精神・知的側面		
行動上の問題		
特異な価値観		
就労状況・金銭管理		
親子関係		
他者との関係（親子以外）	支援者： 親族： 他：	
趣味・嗜好・特技		
保護者の力		

家族の状況 A2-2：保護者以外の家族成員の特徴				
続柄	年齢	職業や所属	特徴　障害や疾病	趣味など

43

step A2-3　　　家屋の状況や経済状況の把握

　住環境について、見取り図を描いて把握します。経済状況やその家族が住む住環境も把握することで、子どもの居場所、家庭内での動線、子どもに必要な物品、衛生状態など、子どもの暮らしぶりを、現実感を持って理解できるようになります。家庭訪問や子どもからの聴き取りなど、把握される限りで描いてみましょう。併せて、家族の経済状況と住居のある地域環境も同様の意味で重要です。下の票に記された間取りは、A男とB子の家の間取りです。

A男の家の間取り

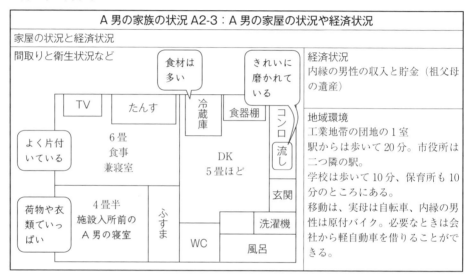

B子家の間取り

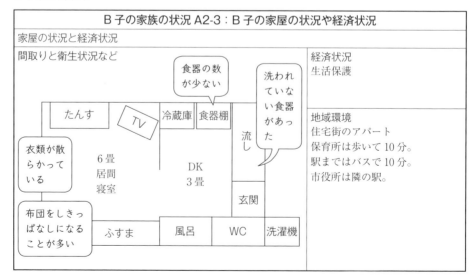

work A2-3	家屋の状況や経済状況の把握

自分の担当ケースの家屋状況などを実際に描いてみましょう。

家族の状況 A2-3：家屋の状況や経済状況など	
家屋の状況と経済状況	
間取りと衛生状況など	経済状況
	地域環境

包括的アセスメント
について
....

**総合的な
情報の把握**
....

理解、
解釈
....

支援方針と具体的な
手立ての検討
....

ケースの振り返りと
評価
....

45

| step A2-4 | 24時間の生活の様子 |

step 0

I......step A

II......step B

III......step C

IV......step D

　1日の生活の中で、どのような時間帯や場面で問題などが生じているのか、具体的に把握することは重要です。例えば、保護者が子どもに暴力を振るうとしても、いつも暴力を振るっているわけではありません、暴力が生じやすい場面や引き金になる状況があるはずです。それが把握できれば、暴力にいたる理由やメカニズムの理解に役立ちます。さらに、そうした場面を回避するような手立てなどを具体的に検討することが可能にもなります。

　次ページからの「家族の状況A2-4a」は、縦に朝6時から翌日の朝6時までを1時間ごと、横に月曜日から日曜日までに区切った票です。子どもの立場に立って1日24時間、月曜日から日曜日までの具体的な暮らしをイメージし、メモ書き程度に記載するものです。実際に記入してみるとイメージできる時間帯とそうでない時間帯があることに気づくはずです。わからないところは空欄のままとして不明な時間帯があることを自明にすることが大切です。わからない時間帯について、どう過ごしているのかを想像し、子どもと家族との会話などを通して確認していくことになります。

　子どもの安全が脅かされている、その場を対応するのが困難となっているなど、注意しなくてはならない場面（時間帯）が見出されたら、さらに具体的な詳細を「家族の状況3-4b」に記載します。なお里親委託や施設入所の場合、家庭での生活の様子と里親宅あるいは施設での生活の様子を別々の票を用いて記載します。

　次の3つの票は、A男が家庭にいたときの生活と施設入所の生活の様子、及びB子の家庭での生活の様子を記載したものです。

Ａ男が家庭にいたときの生活

家族の状況 A2-4a：Ａ男の家庭内での危機的状況や対処困難な（適切に対処できない）状況の把握

	月	火	水	木	金	土	日
6時							
7時	家族起床 内父帰宅	家族起床 内父帰宅	家族起床 内父帰宅	家族起床 内父帰宅	家族起床 内父帰宅	内夫帰宅	内夫帰宅
8時	Ａ男登校	Ａ男登校	Ａ男登校	Ａ男登校	Ａ男登校		
9時	妹、母と登園	妹、母と登園	妹、母と登園	妹、母と登園	妹、母と登園		
10時						家族起床	家族起床
11時	学校でのＡ男は、忘れ物が多くて叱られることが多い。また休み時間に、友人とのトラブルから、暴言や暴力にいたってしまうことが多い。そのときは実母に連絡が入る。					家族で買い物に出かける。大人2人で出かけるときはＡ男が妹の面倒をみる。冷蔵庫の食べ物を無断で食べてしまう。	
12時							
13時							
14時	内父、出勤	内父、出勤	内父、出勤	内父、出勤	内父、出勤		
15時	Ａ男帰宅	Ａ男帰宅	Ａ男帰宅	Ａ男帰宅	Ａ男帰宅		
16時	学校からＡ男のトラブルの連絡が入った日は、帰宅後実母から厳しく叱られる。						
17時							
18時	内父帰宅	内父帰宅	内父帰宅	内父帰宅	内父帰宅		
19時	家族で夕食	家族で夕食	家族で夕食	家族で夕食	家族で夕食	家族で夕食	家族で夕食
20時	夕食時、Ａ男の行儀が悪いとタバコの火を手の甲に押し付けられることが何度かあった。						
21時							
22時	就寝	就寝	就寝	就寝	就寝	就寝	就寝
23時							
24時	夜は野球観戦が多い。好きなチームが負けると実母の機嫌が悪い。						
1時							
2時							
3時	内父、出勤	内父、出勤	内父、出勤	内父、出勤	内父、出勤	内父、出勤	内父、出勤
4時							
5時							

家族の状況 A2-4b：危機的状況についてその場面と様子を具体的に記載します

具体的な場面	子どもや家族の様子	具体的な場面	子どもや家族の様子
学校の休み時間	級友の些細な言葉を被害的にとらえて、食ってかかり、喧嘩になる。担任が止めに入るがなかなか収まらない。	夕食時	行儀が悪い、好き嫌いを言うなど、母親の意に沿わないと、タバコの火でお灸をすえられる。
トラブルの連絡が母親に入った帰宅後	母親から怒鳴られ、厳しく叱られる。態度が悪いとたたかれる。	母親と内父の外出時	妹の面倒を見させられ、上手くできていないと、実母の帰宅後叱られる。

包括的アセスメントについて

総合的な情報の把握

理解、解釈

支援方針と具体的な手立ての検討

ケースの振り返りと評価

Ａ男の児童養護施設での生活の様子

家族の状況 A2-4a：A男の施設での危機的状況や対処困難な（適切に対処できない）状況の把握						
	月	火	水	木	金	土	日

	月	火	水	木	金	土	日
6 時							
7 時	起床 朝食	起床 朝食	起床 朝食	起床 朝食	起床 朝食	起床	起床
8 時	A 男登校	A 男登校	A 男登校	A 男登校	A 男登校	朝食	朝食
9 時							
10 時							
11 時							
12 時						昼食	昼食
13 時							
14 時							
15 時	A 男帰園	A 男帰園	A 男帰園	A 男帰園	A 男帰園		
16 時	学習	学習	学習	学習	学習		
17 時							
18 時	夕食	夕食	夕食	夕食	夕食	夕食	夕食
19 時							
20 時							
21 時	就寝	就寝	就寝	就寝	就寝	就寝	就寝
22 時							
23 時							
24 時							
1 時							
2 時							
3 時							
4 時							
5 時							

（9時～14時の欄）休み時間や給食の時間に、友人とのトラブルから、暴言や暴力に至ってしまうことが多い。
感情が抑えられないときは、施設に連絡が入り、施設職員が迎えに行き下校。
主要教科の学力は遅れており、正しく答えられないといらいらし始める。

（土・日の昼食付近）食事中に無表情で手の甲の火傷の痕をみせることが何度もある。

（17時の欄）自由時間に友達とのトラブルが多い。トラブルが起きたときはフリーの職員と別室で過ごす。

（19時～20時の欄）自由時間に友達とのトラブルが多い。トラブルが起きたときはフリーの職員と別室で過ごす。
入浴時（職員と二人）はとても落ち着いて、穏やかな表情。

（22時～1時の欄）部屋を暗くするのが怖い。なかなか眠りにつけずに、職員を呼びに来る。一緒についていってしばらくいると眠れる。
夜中に「怖い夢を見た」と起きてくることがある。そのときは眠れるまで一緒にいると眠れる。

家族の状況 A2-4b：危機的状況についてその場面と様子を具体的に記載します			
具体的な場面	子どもや家族の様子	具体的な場面	子どもや家族の様子
学校の休み時間 給食の時間 時に授業中	級友の些細な言葉を被害的にとらえて、食ってかかり、喧嘩になる。担任が止めに入るがなかなか収まらない。	食事中	「これ根性焼きの痕だよ」と手の甲の複数の火傷の痕を淡々とみせる。悲しみや怒りなど感情が伴わない。
自由時間	落ち着きがなく、いつもきょろきょろしている。 学校と同様に子どもとトラブルになりやすい。怒りの感情はなかなか収まらない。止めようとする職員にも食ってかかる。	就寝時、睡眠時	電気を消して寝るのが怖いという。なかなか眠れない。 「怖い夢を見た」と夜中に起きてくる。しばらく部屋に一緒にいると眠りにつける。
授業中に指されて、正解が言えないとき	授業中に指されて、正解が言えないと、いじけて不機嫌になり、他児に八つ当たりしてトラブルになる。		

step 0

I......step A

II......step B

III......step C

IV......step D

下の票はB子の家庭での生活を記載したものです。

家族の状況 A2-4a：B子の家庭内での危機的状況や対処困難な（適切に対処できない）状況の把握

	月	火	水	木	金	土	日
6時							
7時							
8時	起床・朝食	起床・朝食	起床・朝食	起床・朝食	起床・朝食		
9時	母と登園	母と登園	母と登園	母と登園	母と登園		
10時						家族起床	家族起床
11時							
12時							
13時							
14時							
15時							
16時							
17時	母と帰宅	母と帰宅	母と帰宅	母と帰宅	母と帰宅		
18時	夕食	夕食	夕食	夕食	夕食	夕食	夕食
19時							
20時							
21時	B子就寝	B子就寝	B子就寝	B子就寝	B子就寝	B子就寝	B子就寝
22時							
23時							
24時							
1時							
2時							
3時							
4時							
5時							

B子の方が早く起きる。母親が起きれずに朝食を抜くことがある。

保育所では、できないことが多く、集団に溶け込めていない。
シャワーを浴びさせようとしたとき、立ち尽くして動けなくなる。
浴室を怖がる。
昼食はむさぼるように食べる。

母親は隔週の木曜日に精神科クリニックを受診。

午睡の時間はなかなか眠れない

家にB子を置いたまま外出するときがある。

B子が家の中で放っておかれることが多い。
入浴は母親と一緒だが、母親がいらいらしているときは、入浴を拒む

母親はなかなか眠れないため、飲酒をする。ときに大量に飲んでしまい、B子を起こしてしまう。
朝早く目が覚め、その後眠れない。6時過ぎると再び眠りにつく。

家族の状況 A2-4b：危機的状況についてその場面と様子を具体的に記載します

具体的な場面	子どもや家族の様子	具体的な場面	子どもや家族の様子
朝	母親の気持ちが落ちており、朝食が作れないときがある。	家での留守番	母親が外出し、家で一人でいることがある。
午睡	なかなか眠れず、保育士が離れるとすぐに目を開けて、一緒にいてほしいとせがむ。	浴室、シャワー	シャワーを見ると怖がり、立ちすくむ。浴室も入ることを嫌がる。入浴時に何かあったように思う。

包括的アセスメント
について

総合的な
情報の把握

理解、
解釈

支援方針と具体的な
手立ての検討

ケースの振り返りと
評価

49

work A2-4	24時間の生活の様子

step 0

I......step A

II......step B

III......step C

IV......step D

自分の担当するケースの生活の様子について、記入してみましょう。

家族の状況 A2-4a：家庭内での危機的状況や対処困難な（適切に対処できない）状況の把握							
	月	火	水	木	金	土	日
6 時							
7 時							
8 時							
9 時							
10 時							
11 時							
12 時							
13 時							
14 時							
15 時							
16 時							
17 時							
18 時							
19 時							
20 時							
21 時							
22 時							
23 時							
24 時							
1 時							
2 時							
3 時							
4 時							
5 時							

家族の状況 A2-4b：下表に具体的に記載			
具体的な場面	子どもや家族の様子	具体的な場面	子どもや家族の様子
【努力や強み】			

50

里親宅や施設での状況 a：危機的状況や対処困難な（適切に対処できない）状況の把握							
	月	火	水	木	金	土	日
6 時							
7 時							
8 時							
9 時							
10 時							
11 時							
12 時							
13 時							
14 時							
15 時							
16 時							
17 時							
18 時							
19 時							
20 時							
21 時							
22 時							
23 時							
24 時							
1 時							
2 時							
3 時							
4 時							
5 時							

里親宅や施設での状況 b：下表に具体的に記載

具体的な場面	子どもの様子	具体的な場面	子どもの様子

【努力や強み】

包括的アセスメント
について

**総合的な
情報の把握**

理解、
解釈

支援方針と具体的な
手立ての検討

ケースの振り返りと
評価

step A2-5　家族関係と家族の価値観や文化

　「家族関係」について、家族成員間の特徴的な関係を図で表します。記載例を票に記載します。下票以外の特徴的な関係性について説明を加えて表示します。家族関係を知ることで、子どもに影響を与えている家族成員の特定、問題となる関係性の把握、支援を行う際のキーパーソン（支援を行う上で鍵を握る存在で、重要な協力者などが含まれます）の特定など、支援を展開していく上で有益な情報を得ることができます。

　「特徴的な価値観や文化」は、子どもの養育に影響すると考えられる家族の認識、価値観、態度などについて記載します。特に暴力、性、基本的な生活習慣、勉強、金銭、社会的地位などに対する認識の偏り、歪み、逸脱などがあれば、記載します。大人の不適切な養育観や態度は、子どもに負の影響を与えている可能性があり、重視すべき側面です。以下の票にいくつかの例を記載します。

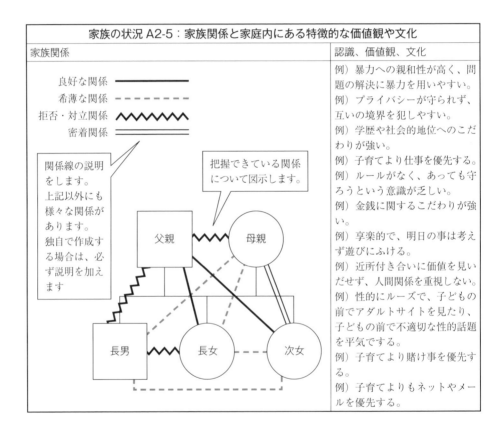

下の票はA男の家族関係と家庭にある特異な価値観などについてまとめたものです。

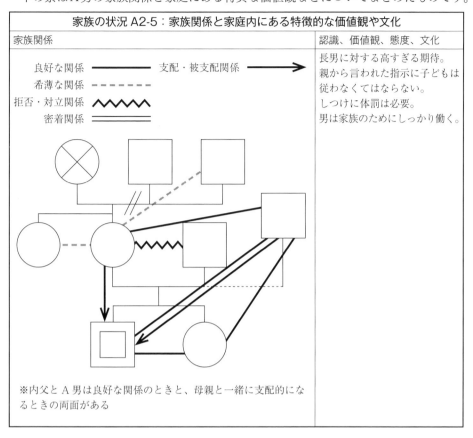

work A2-5　家族関係と家族の価値観や文化

A男のケースを参考に、自分の担当するケースについて、図示してみましょう。

家族の状況 A2-5：家族関係と家庭内にある特徴的な価値観や文化	
家族関係	特徴的な価値観や文化

包括的アセスメント について

総合的な
情報の把握

理解、
解釈

支援方針と具体的な
手立ての検討

ケースの振り返りと
評価

| step A2-6 | 家族と関係のある人や機関（エコマップ） |

家族と関係のある人や機関を、同居する家族図の周りに表示し、その関係性を図で表します。これはエコマップと呼ばれるものです。エコマップを描くことで、子どもと家族にとって意味をもつ人や機関等をつかむことができます。その中には、支援の協力者となり得る場合も少なくありません。それぞれの関係性を図で表示すると同時に、右欄に人や機関の説明を加えておくとよいでしょう。

下の票はA男とB子の家族のエコマップです。

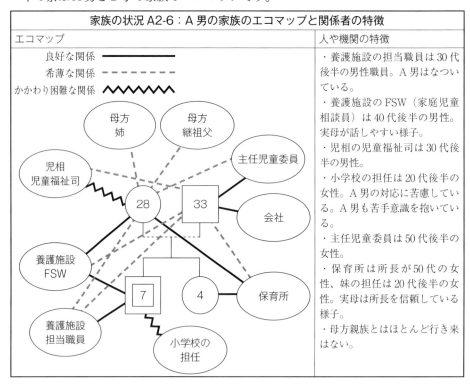

家族の状況 A2-6：B 子の家族のエコマップと関係者の特徴	
エコマップ	人や機関の特徴
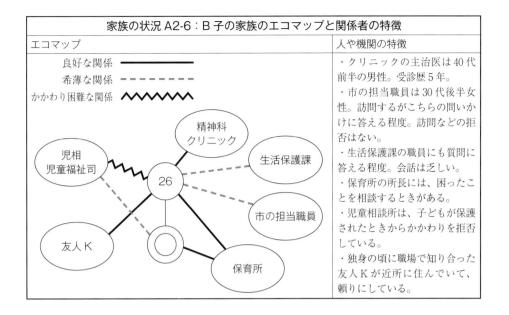	・クリニックの主治医は40代前半の男性。受診歴5年。 ・市の担当職員は30代後半女性。訪問するがこちらの問いかけに答える程度。訪問などの拒否はない。 ・生活保護課の職員にも質問に答える程度。会話は乏しい。 ・保育所の所長には、困ったことを相談するときがある。 ・児童相談所は、子どもが保護されたときからかかわりを拒否している。 ・独身の頃に職場で知り合った友人Kが近所に住んでいて、頼りにしている。

包括的アセスメントについて

総合的な情報の把握

理解、解釈

支援方針と具体的な手立ての検討

ケースの振り返りと評価

work A2-6	家族と関係のある人や機関（エコマップ）

step 0

I......step A

II......step B

III......step C

IV......step D

　A男とB子の記載を参考に、自分の担当するケースのエコマップを描いてみましょう。

家族の状況3-6：家族と関係ある人や機関との関係	
エコマップ	人や機関の特徴

step A3 ｜ 子どもと保護者の現状認識と願い

　子どもと家族の現状に対する認識と今後どうしてほしいか、どうなりたいかなどの願いを把握することは、支援を受ける当事者のモチベーションを理解し、どのような支援であれば受け入れてもらえるかなどを検討する上で必須です。支援する者が、必要な手立てを提供しようとしても、それが当事者の要求や願いと食い違っていたのでは、その手立てをすぐには受け入れられません。当事者の要求や願いを把握することで、当事者に届く支援は何か、当事者の意向に沿った支援は何か、どうすれば届けることができるかを検討することが可能となるのです。とはいえ中には、現状を正しく認識できていない場合や、要求や願いを上手に表現できない子どもや保護者もいます。支援者は、言語化されない要求や願いに思いをはせ、真のニーズを汲み取るよう努めることが重要です。

　次の票はA男と実母、およびB子と実母に対して、面接などを行って現状に対する認識とどのようになりたいかの願いをたずね、整理したものです。

A男

現状認識と願い	内　　容
現状（自身の課題や症状、おかれた状況、家族の状況など）に対しての認識や願い	施設入所について：「家にいるよりはいい」という一方で「お母さんに叱られないようになったら帰りたい」という。 友人とのトラブルについて：「喧嘩は嫌だ。みんなと仲良くしたい。頭にくるとすぐにああなっちゃう（暴言や暴力）」。 眠れないことや悪夢について：「夜、ひとりで部屋にいるのが怖い。暗いのはもっと怖い。お化けがいるんじゃないかって思う」「夜は誰かがそばにいてほしい」と語る。 食事：「家でお腹をすかしてた。ここは食事があるからいい」「家では行儀が良くないと叱られる」という。 他の日常生活について：「お風呂は好き」とのこと。 学校：「わからない勉強は嫌い」また「すぐに喧嘩になっちゃうから困る」という。 母親のこと：「怖いけれど優しいときもある」という。
どうしてほしいか、どうしたいか、どうなりたいかなど	喧嘩しないで、友達と仲良くしたい。お母さんに叱られないようになりたい。

保護者（　実母　）

現状認識と願い	内　　容
子どもの課題や症状、おかれた状況などに対しての認識 家族の状況に対しての認識	－子どもに対して－ 施設入所について：一緒にいれば、私が何をするかわからないから離れていた方がいいと思う。 友達とのトラブル：「喧嘩はしないでほしいけど、相手が悪ければ殴っても仕方がない」と語る。

包括的アセスメントについて

総合的な情報の把握

理解、解釈

支援方針と具体的な手立ての検討

ケースの振り返りと評価

	－家族の状況に対して－ 日常の暮らし：経済的には苦しい。掃除や食事をきちんとすべきはわかっているが体が動かないときがある。 家族について：「内夫が手伝ってくれるのは助かっている」。内夫と妹には特に不満はないという。 自分自身について：すぐに頭に来ちゃうのはいけないと思うが、変えられない。
子どもがどうなってほしいか。 自分や家族にどうしてほしいか、どうなりたいかなど	－子どもに対して－ 「盗みとか喧嘩とかしないようになって、家の手伝いをきちんとできるようになって帰ってきてほしい」
	－自分や家族に対して－ 「もう少し優しくなれたらいいとは思う。でも性分だから」という。

B子

現状認識と願い	内　容
現状（自身の課題や症状、おかれた状況、家族の状況など）に対しての認識や願い	認識や願いについて、言葉にすることは難しい。 保育所で過ごすことは受け入れているようだ。
どうしてほしいか、どうしたいか、どうなりたいかなど	保育士など、大人に甘えたい気持ちが強いと推察される。

保護者（　実母　）

現状認識と願い	内　容
子どもの課題や症状、おかれた状況などに対しての認識 家族の状況に対しての認識	－子どもに対して－ 「自分と一緒にいることはB子にとってよくないのではないか」という。 保育所にいくことについては、「家にいるよりずっといい」という。
	－自分に対して－ 「昔は元気だったが、妊娠して子どもを産んでから調子が悪い」「クリニックは自分にとって必要なところで、睡眠薬がないと眠れない」
子どもがどうなってほしいか。 自分や家族にどうしてほしいか、どうなりたいかなど	－子どもに対して－ 健康に育ってほしい。 私のようにならないでほしい。
	－自分や家族に対して－ 毎日の生活がきちんと送れるようになりたい。 早く調子を戻して、仕事もして昔のように元気になりたい。

work A3	子どもと保護者の現状認識と願い

　自分の担当するケースについて、子どもと保護者の現状認識と要求・願いを記載しましょう。

包括的アセスメント
について
••••••••••••••••••••

**総合的な
情報の把握**
••••••••••••••••••••

理解、
解釈
••••••••••••••••••••

支援方針と具体的な
手立ての検討
••••••••••••••••••••

ケースの振り返りと
評価
••••••••••••••••••••

子ども

現状認識と願い	内　　容
現状（自身の課題や症状、おかれた状況、家族の状況など）に対しての認識	
どうしてほしいか、どうしたいか、どうなりたいかなど	

保護者（　実母　）

現状認識と願い	内　　容
子どもの課題や症状、おかれた状況などに対しての認識 家族の状況に対しての認識	子どもに対して
	自分に対して
子どもがどうなってほしいか 自分や家族が、どうなりたいかなど	子どもに対して
	自分や家族に対して

step A4 | 生育歴・生活歴の把握

1. 生育歴・生活歴を把握することの意義

　人間は歴史的な存在です。人間は生物的にも心理的にも、そして社会的にも成長発達を積み上げた一連の流れの途上としてそこに存在しています。それは、人やものなどとの関係性の歴史であり、出来事の積み重ねや体験の歴史です。こうした生育歴を把握することは、その人を理解する上で欠くことのできないものです。さらに保護者の歴史の上に子どもの歴史が重なり合い、交叉するように展開しています。ゆえに対象となっている子どもの生育歴のみならず、可能な限り保護者の子どもの頃の生い立ちやその後の生活歴の把握に努めることが重要です。

2. 成長・発達について

　人間は死に至るまで、成長発達を遂げていく存在です。それは大きく身体的発育と心的発達とに分けられます。両者は相互に密接にかかわりを持っています。事前に人間の成長・発達についての知見や理論を学んでおくことは有益です。その上で支援をする子どもについて成長・発達を促した諸要件と阻害した諸要件の把握に努めることは重要です。次の節では、発達の時期に分けて、子どもと保護者の理解に役立つ情報について説明します。

3. 発達段階に即しての把握すべき情報

（1）胎児期

　胎児期では主に妊婦の心身の状態が把握のポイントとなります。胎児の場合、外部の環境からの生理的・心理的影響は母親を通してもたらされます。例えば妊婦が高いストレス状態にあるときには、子どもにもその影響をもたらします。次の項目は把握すべき重要な情報です。胎児期に妊婦がどのように支えられたかは、その後の親子関係を左右するほどです。

・妊娠前の不妊治療

・胎児に悪影響とされている化学物質の摂取：妊婦の喫煙、アルコール、薬物使用など。

・健診の受診状況：妊婦健診などの受診状況。児童虐待による死亡事例では0歳児が多く、妊娠期に健診未受診が多いことが指摘されています。

・母子手帳の有無：必ず配付されるもので、重要な情報が記載されています。それを持っていない、記入がないなどはそれだけで重要な情報となり得ます。

・母親のストレス状況と精神状態：夫からのDV、経済的な問題、遠地への転居など、母親に高度なストレスを与える環境上の問題、および母親のうつ病などの精神疾患など。

・胎児虐待

母親の腹をける、子どもを堕胎しようと階段から落ちるなど、胎児への直接的な攻撃。

・母体の異常と胎児の異常：母体の疾患、胎児の異常など。

（2）出生時

出生時の状況は、子どもの健康状態や発育の状況や母子関係を把握、理解する上で有用です。以下の点は押さえるべき情報です。

・出生場所　病院、助産院、自宅、その他

・在胎週数、分娩経過

・出産時の異常

（3）乳児期（0歳〜1、2歳）

心の発達は山を積み上げるごとくに進む過程です。乳幼児期はいわば人格の基底部分を構築する重要な時期ということができるでしょう。子どもは幼少であるほどに大人に依存しなくては生きられない存在です。したがって養育者との関係のありようを把握することは、この時期の心の発達がどうであったかを理解する上で、重要な視点となります。乳幼児健診や母子手帳は、非常に有益な情報源となります。

・身体的発育や疾病

出産時の状況（低体重、仮死、黄疸の有無など）、身長・体重の伸び（標準値からの隔たりの程度など）、首のすわり、ハイハイ、始歩などの身体運動発達の様子、疾病や疾患の有無。

・養育者と子どもとの関係

出産時の母親の気持ち、母親の精神的な状態（産後うつなどの精神疾患の有無と処置の如何）、養育の応答性（抱っこ、授乳や離乳食などの様子、子どもの求めへの応答、ぐずりや夜泣きなどとそれへの対応）、養育者との愛着形成、人見知り、子どもの成長を喜べた軌跡、SBS（揺さぶられっ子症候群）などの虐待や乳児の放置などの有無、基本的な生活環境に関する問題（睡眠のリズムなど、衛生面への配慮など）、など。

・認知・言語発達、情緒発達

始語、情緒的応答性、指差し、知的好奇心など。乳幼児健診の様子など。激しい夜泣き、泣かない、表情が乏しい、食の細さなど養育のなかで困った反応。

・遊び

イナイイナイ・バー、感覚遊び、ひとり遊び、平行遊び、その他

（4）幼児期前期（1、2歳〜3、4歳）

この時期の中心的課題は、トイレットトレーニングなどのしつけを通して、基本的な生活習慣、欲求のコントロール、かんしゃくなどの情緒的混乱時に気持ちを鎮める力などを獲得していくことです。しつけを通したやり取りは、親子間で様々な問題が生じやすい時期でもあります。

・身体的発育や疾病

身長・体重の伸び（標準値からの隔たりの程度など）、運動発達の様子、疾病や疾患などの有無。

・しつけと養育者との関係、不適切な対応や環境

安全基地としての養育者の存在、基本的なしつけの様子（生活のリズム、トイレット

レーニング、食事、着替えなど）、体罰や放置など虐待行為の有無、子どもとの遊びの様子など。保育所などでの保育者との関係。

・**認知・言語発達、情緒発達、社会性の発達など**

二語文、三語文などの言語発達、簡単な物語の理解、3歳児健診の所見など。

・**遊び**

模倣遊び、協働遊び、簡単な工作

・**子どもの問題や特別なエピソード**

頑固さ、こだわり、癇癪、過敏さなど対応に苦慮した問題やエピソード。

（5）幼児期後期（3、4歳～就学前）

3、4歳を過ぎると、養育者との密接な関係から少しずつ離れて、友達と遊ぶようになるなど、集団参加が可能となります。養育者との信頼関係を基盤に安心と安全の感覚が育まれ、基本的な生活習慣がある程度身についていることが、集団参加への移行を可能とします。その逆に初期の心的発達が損なわれている場合、こうした移行が難しく、保育所や幼稚園での不適応につながります。

・**身体的発育や疾病**

身長・体重の伸び（標準値からの隔たりの程度など）、運動発達の様子、疾病や疾患の有無。

・**養育者との関係、不適切な対応や環境**

過干渉、過保護、支配、放任など行き過ぎた関係、片づけや歯磨きなど生活習慣に関するしつけの様子、子どもの不安や悩みに対する養育者の対応、家庭生活での安心・安全の保証、虐待や不適切な行為の有無、など。

・**認知・言語発達、情緒発達、社会性の発達など**

ルールの共有、協働遊び、想像力の広がり

・**保育所や幼稚園での様子**

保育士や教諭などとの関係、同年齢児との関係、集団活動の様子、保育士の所見。

・**遊びの内容**

ごっこ遊び（ままごと、ヒーローごっこなど）、集団遊び、ルール遊び、ものづくり（折り紙、粘土など）

・**子どもの問題や特別なエピソード**

基本的生活習慣が身についていない、夜尿や遺尿、偏食、母子分離困難、集団への入れなさ、友人への暴力、激しいかんしゃく、など。

（6）学童期

子どもの生活の中で、学校が大きな位置を占めるようになります。学校は、楽しい出来事がある一方で、つらい出来事もあります。生涯の良い思い出となる出来事や、その子の良き資質が見出される場でもあります。問題となる側面だけでなく、良き側面の把握も忘れてはなりません。

・**身体的発育や疾病**

身長・体重の伸び（標準値からの隔たりの程度など）、第二次性徴（思春期の始まり）、運動発達の様子、疾病や疾患の有無。

・**学校、地域での様子**

小学校での適応状況、集団参加の様子、担任教諭との関係、友人関係、学力、社会的スキル、逸脱行動など。

・**養育者との関係、不適切な対応、環境、刺激**

過干渉、過保護、支配、放任など行き過ぎた関係、勉強に対する過度の要求など。また性虐待など乳幼児期でも性被害に遭うことがありますが、女子の場合は思春期を迎える頃からその率が高まります。身体的虐待などその他の虐待と併せて慎重に把握することが重要です。

・**遊びの内容**

様々な遊びの広がり（スポーツ、工作、手芸、調理など）、ギャンググループでの遊び、など。

・**子どもの問題や特別なエピソード**

基本的生活習慣の問題、学校不適応、登校しぶり、盗みや放火、暴力やいじめ、性化行動、動物虐待などの子どもの問題の発生と経過。

（7）青年期

家族よりも友人と過ごす時間のほうが重要となる時期になります。急速な身体的変化、周囲や自分に対する認識に変化が生じてくる時期です。このことが子どもによっては大きな心の混乱の原因となります。そのためこの時期は様々な問題や精神症状が現れるときでもあります。

・**友人関係**

友人関係の様子、異性との関係、所属する集団の特性、非行グループとの関係など。

・**養育者との関係、不適切な対応や環境**

反抗、反発、拒否など親子関係の変化、親からの暴力や不適切な性的対応、子どもから親への暴力など。

・**学校や地域での様子**

中学校、高校での様子、部活動などの様子、教諭との関係、友人関係、学力、社会的スキル、逸脱行動など。

・**子どもの問題や特別なエピソード**

非行、不登校、暴力やいじめ、不適切な性的行動、精神疾患などの問題や症状の発生と経過。

（8）全ての発達期を通じて把握すべきこと

・**心身の疾病、受診歴**

疾病の罹患の時期、受診状況、経過など
予防接種の状況

・**家族のエピソード、家族関係、家庭の問題**

転居、疾病、死去、離婚、夫婦の不仲やDV、失業、疾病、犯罪など家族成員や家族が抱えた問題、乳幼児にとってふさわしくない家庭環境や刺激など。

・**心的外傷体験**

生死にかかわるような体験を心的外傷体験といいます。こうした体験の後、何らかの精神症状や不安・恐怖反応が現れる場合が少なくありません。事故にあった、事件を目撃した、死にそうになった、親の自殺を目撃した、薬物中毒症状の親の目撃、突

然親がいなくなった、激しい DV の目撃などの体験は心的外傷体験となり得ます。心的外傷体験の把握は重要ですが、家庭内で起きている場合は、それを伝える大人が周囲にいなければ、把握が極めて難しくなります。フラッシュバックなどの症状が疑われた場合、こうした外傷体験の可能性を想定して、慎重に確認していくことが必要となります。

・喪失体験

養育者との別れの有無（死別、入院、離婚、突然の家出、子どもの放置など）、転居などによる環境の変化、重要な人や者、活動の場などの喪失、喪失に対する養育者などからのフォローの有無など。喪失体験は、見捨てられ不安や人生の連続性の分断など、深刻な影響をもたらす可能性があります。

・不適切なモデルや刺激への曝露

DV など暴力の目撃、不適切な性的モデルや刺激への曝露、不適切な生活環境への曝露などは、誤った認知、価値観、行動を学んでしまう可能性があります。こうした状況の有無について、いつ、どのような刺激やモデルに曝されたかを把握することは非常に重要です。

・保育所や学童保育などの利用とそこでの様子

いつから保育所などの機関を利用したか、そこでの様子はどうであったかの把握。保育師など支援者からの客観的な情報を得る上でも重要となります。

・子どもの育ちを支えた要件

生育歴は、問題となる事柄に注意が向きがちです。一方で、その子の育ちや健康さに関与した要件を把握することは重要です。子どもにとって大切な人、支えてくれた人、生きがいだった活動など、それらの出会いと経過はおさえておきたいものです。こうした要件は、その後の人生をも支える要件となり得、支援方針を設定する際に力となる大切な資源となります。

子どもの生育歴、保護者の生活歴、支援経過などの人生史の把握について、次の 2 つの step で進めます。

step A4-1　生育歴の基本情報の把握

step A4-2　子どもと保護者の生活歴の把握

step A4-1	生育歴の基本情報の把握

次の票は、胎児期から就学までの子どもの身体的発達や認知発達、病歴などの基本情報をチェックする票です。妊娠期の受診状況、出産状況、乳幼児期の発達状況、子どもの病歴、保護者の病歴、保育所などの通院状況、身体的発育の程度、予防接種の有無など、子どもの育ちを理解する上で、重要な項目で構成されています。

生育歴の基本情報						
仮名		性別		受理年齢（月齢・学年）		現在年齢（月例・学年）	

主訴、問題の経緯（相談の理由）

胎児期	妊娠前の不妊治療：　（無・有＿＿＿＿＿＿＿＿＿＿＿＿＿＿） 化学物質の摂取（母親の喫煙、アルコール、内服薬）：＿＿＿＿＿＿＿＿＿＿＿＿＿＿ 健診受診状況：初診の遅れ　回数が少ない　飛び込み出産　その他＿＿＿＿＿＿＿＿ 母子手帳の有無：　　有　・　取得したが紛失した　・　取得していない 母親のストレス状況、精神状態、胎児虐待の有無など：＿＿＿＿＿＿＿＿＿＿＿＿＿＿ 母体の疾患：糖尿病（無・有）　妊娠高血圧症候群（無・有）　性感染症（無・有） 有の場合、加療の有無（無・有） その他（　　　　　　　　） 母体の異常：＿＿＿＿＿＿＿＿＿＿＿＿＿＿＿＿＿＿＿＿＿＿＿＿＿＿＿＿＿＿＿＿＿＿ 胎児の異常：＿＿＿＿＿＿＿＿＿＿＿＿＿＿＿＿＿＿＿＿＿＿＿＿＿＿＿＿＿＿＿＿＿＿
出生時	出生場所：＿＿＿＿＿＿＿　在胎週数：＿＿＿＿＿週　　分娩経過：経膣分娩・帝王切開予定・帝王切開緊急 出生体重：＿＿＿＿＿　身長：＿＿＿＿＿　頭囲：＿＿＿＿＿　胸囲：＿＿＿＿＿ 出産時の異常：仮死産　鉗子吸引　墜落出産 NICU 収容：無・有　黄疸：無　普通　強い　光線療法：無・有 その他：多胎、きょうだい（＿＿＿＿＿）の障害（内容：＿＿＿＿＿＿＿＿＿＿＿） 　　　　きょうだい（＿＿＿＿＿）の死亡（死亡時年齢：＿＿＿＿死因：＿＿＿＿＿＿＿）
出生後の状況	身体運動の身体的発育、栄養状態、疾病や怪我 首のすわり（　か月）寝返り（　か月）お座り（　か月）ハイハイ（　か月）つかまり立ち（　か月） 始歩（　か月） 栄養：母乳・人工乳・混合　　　卒乳の開始時期＿＿＿＿＿＿＿完了時期＿＿＿＿＿＿＿ 疾病や障害の有無：知的障害　脳性まひ　重度身体障害　視力障害　聴力障害　発達障害：＿＿＿＿＿＿ 先天性障害：＿＿＿＿＿＿＿ 体重増加不良　低身長 肝炎（無・有：　　　　型）アレルギー（無・有、原因物質　不明・判明：　　　　　　　　　　） その他＿＿＿＿＿＿＿＿＿＿＿＿＿＿＿＿＿＿＿＿＿＿＿＿＿＿＿＿＿＿＿＿＿＿ 認知・言語発達、情緒発達　人見知りと対象：（無・有：＿）始語：＿＿＿＿か月 二語文＿＿＿＿か月 三語文＿＿＿＿ 乳幼児健診の受診状況 1 か月（受診・未受診　所見など：　　　　　　）3-4 か月（受診・未受診　所見など：　　　　　） 1 歳 6 か月（受診・未受診　所見など：　　　　　）3 歳（受診・未受診　所見など：　　　　　） 保育所利用：（無・有） ①利用時期：＿＿＿＿歳＿＿＿＿か月から＿＿＿＿歳＿＿＿＿か月まで　利用先＿＿＿＿＿＿＿通園状況など＿＿＿＿＿＿＿ ②利用時期：＿＿＿＿歳＿＿＿＿か月から＿＿＿＿歳＿＿＿＿か月まで　利用先＿＿＿＿＿＿＿通園状況など＿＿＿＿＿＿＿ ③利用時期：＿＿＿＿歳＿＿＿＿か月から＿＿＿＿歳＿＿＿＿か月まで　利用先＿＿＿＿＿＿＿通園状況など＿＿＿＿＿＿＿ 就学時健診状況（受診・未受診　所見など：　　　　　　　　　　　　　　　　　） 心理発達検査などの所見 検査名＿＿＿＿＿＿＿月齢＿＿＿＿＿＿結果・所見＿＿＿＿＿＿＿＿＿＿＿＿＿ 検査名＿＿＿＿＿＿＿月齢＿＿＿＿＿＿結果・所見＿＿＿＿＿＿＿＿＿＿＿＿＿ ①予防接種 A：ツ反　・BCG　・麻疹　・ポリオ　・水痘　・おたふく　・風疹　・三種混合 ②予防接種 B（平成 18 年度より）：BCG・混合ワクチン（麻疹・風疹）・三種混合・水痘・おたふく・ ヒブ・肺炎球菌・B 型肝炎・ロタ

包括的アセスメント
について

**総合的な
情報の把握**

理解、
解釈

支援方針と具体的な
手立ての検討

ケースの振り返りと
評価

以下は、Ａ男の生育歴の基本情報についてチェックしたものです。

生育歴の基本情報						
仮名	**Ａ男**	性別	**男**	受理年齢（月齢・学年）	**7歳（小2）**	現在年齢（月例・学年） **7歳（小2）**

主訴、問題の経緯（相談の理由）

母親による身体的虐待

衝動のコントロールの困難さ、集団不適応、徘徊、盗み

<table>
<tr><td rowspan="10">胎児期</td><td colspan="6">妊娠前の不妊治療：（無・有＿＿＿＿＿＿＿＿＿＿＿＿＿＿＿＿＿＿＿）</td></tr>
<tr><td colspan="6">化学物質の摂取（母親の喫煙、アルコール、内服薬）：　妊娠がわかったときからは禁煙している</td></tr>
<tr><td colspan="6">健診受診状況（初診の遅れ）　回数が少ない　飛び込み出産　その他＿＿＿＿＿＿＿＿＿＿＿＿</td></tr>
<tr><td colspan="6">母子手帳の有無：　有 ・　取得したが紛失した ・　取得していない</td></tr>
<tr><td colspan="6">母親のストレス状況、精神状態、胎児虐待の有無など：　夫婦仲が悪化、夫が家に帰らない日がある</td></tr>
<tr><td colspan="6">母体の疾患：糖尿病（無・有）　妊娠高血圧症候群（無・有）　性感染症（無・有）</td></tr>
<tr><td colspan="6">有の場合、加療の有無（無・有）</td></tr>
<tr><td colspan="6">その他（　　　　　　　　　）</td></tr>
<tr><td colspan="6">母体の異常：　特になし</td></tr>
<tr><td colspan="6">胎児の異常：　なし</td></tr>
</table>

<table>
<tr><td rowspan="5">出生時</td><td colspan="6">出生場所：＿○○医院＿　在胎週数：＿40＿週　　分娩経過：経腟分娩・帝王切開予定・帝王切開緊急</td></tr>
<tr><td colspan="6">出生体重：＿3100＿　身長：＿45＿　頭囲：＿＿＿＿　胸囲：＿＿＿＿</td></tr>
<tr><td colspan="6">出産時の異常：仮死産　鉗子吸引　墜落出産</td></tr>
<tr><td colspan="6">NICU収容（無）有　黄疸（無）普通　強い　光線療法（無）有</td></tr>
<tr><td colspan="6">その他：多胎、きょうだい（＿＿＿）の障害（内容：＿＿＿＿＿＿＿＿＿＿＿＿）
　　　　きょうだい（＿＿＿）の死亡（死亡時年齢：＿＿＿死因：＿＿＿＿＿＿）</td></tr>
</table>

<table>
<tr><td rowspan="20">出生後の状況</td><td colspan="6">身体運動の身体的発育、栄養状態、疾病や怪我</td></tr>
<tr><td colspan="6">首のすわり（3か月）寝返り（3か月）お座り（6か月）ハイハイ（6か月）つかまり立ち（10か月）</td></tr>
<tr><td colspan="6">始歩（12か月）</td></tr>
<tr><td colspan="6">栄養：母乳・人工乳・混合　　　卒乳の開始時期＿12か月＿完了時期＿13か月＿</td></tr>
<tr><td colspan="6">疾病や障害の有無：知的障害　脳性まひ　重度身体障害　視力障害　聴力障害　発達障害：＿＿＿＿</td></tr>
<tr><td colspan="6">先天性障害：＿＿＿＿＿＿</td></tr>
<tr><td colspan="6">体重増加不良　低身長</td></tr>
<tr><td colspan="6">肝炎（無・有：＿＿型）アレルギー（無）有、原因物質　不明・判明：＿＿＿＿＿＿＿＿＿）</td></tr>
<tr><td colspan="6">その他　夜泣きがひどかった。</td></tr>
<tr><td colspan="6">認知・言語発達、情緒発達　人見知りと対象：（無）有：＿＿＿）始語：＿15＿か月　二語文＿22＿か月</td></tr>
<tr><td colspan="6">乳幼児健診の受診状況</td></tr>
<tr><td colspan="6">1か月（受診・未受診）所見など：＿＿＿＿＿＿＿）3-4か月（受診・未受診）所見など：＿＿＿＿）</td></tr>
<tr><td colspan="6">1歳6か月（受診）・未受診　所見など：やや言語の発達の遅れがある</td></tr>
<tr><td colspan="6">3歳（受診）・未受診　所見など：落ち着きがなくて、しつけは大変と訴えた　）</td></tr>
<tr><td colspan="6">保育所利用：（無・有）</td></tr>
<tr><td colspan="6">①利用時期：3歳6か月から　利用先 ○保育所　通園状況など 時々母親が朝起きれらずに休むことがあった</td></tr>
<tr><td colspan="6">②利用時期：＿＿歳＿＿か月から＿＿歳＿＿か月まで　利用先＿＿＿＿＿＿通園状況など＿＿＿＿＿</td></tr>
<tr><td colspan="6">③利用時期：＿＿歳＿＿か月から＿＿歳＿＿か月まで　利用先＿＿＿＿＿＿通園状況など＿＿＿＿＿</td></tr>
<tr><td colspan="6">就学時健診状況（受診）・未受診　所見など：＿＿＿＿＿＿＿＿＿＿＿＿＿＿＿＿＿＿）</td></tr>
<tr><td colspan="6">心理発達検査などの所見
検査名　WISC-IV　月齢　7歳　　結果・所見　TIQ80　VIQ75　PIQ95　検査時は周囲が気になっておちつきがない

検査名＿＿＿＿＿月齢＿＿＿＿＿結果・所見＿＿＿＿＿＿＿＿＿＿＿＿＿＿
①予防接種A：ツ反　・BCG　・麻疹　・ポリオ　・水痘　・おたふく　・風疹　・三種混合
②予防接種B（平成18年度より）：BCG・混合ワクチン（麻疹・風疹）・三種混合・水痘・おたふく・
ヒブ・肺炎球菌・B型肝炎・ロタ</td></tr>
</table>

以下は、Ｂ子の生育歴の基本情報についてチェックしたものです。

生育歴の基本情報						
仮名	Ｂ子	性別	女	受理年齢（月齢・学年）	**3歳11か月**	現在年齢（月齢・学年） **4歳2か月**

主訴、問題の経緯（相談の理由）

市外からの転居ケースで、1歳半健診を未受診で、保育士が訪問。発達の遅れが疑われ、かつ母親と子どもとの応答的なやり取りが乏しい様子が見られたため訪問支援を開始。

胎児期

妊娠前の不妊治療：（無）有＿＿＿＿＿＿＿＿＿＿＿＿＿＿）

化学物質の摂取（母親の喫煙、アルコール、内服薬）：

健診受診状況：初診の遅れ　回数が少ない　（飛び込み出産）　その他＿＿＿＿＿＿＿＿

母子手帳の有無：　有　・　（取得したが紛失した）　・　取得していない

母親のストレス状況、精神状態、胎児虐待の有無など：**出産ぎりぎりまで飲食店で働く**

母体の疾患：糖尿病（無・有）　妊娠高血圧症候群（無・有）　性感染症（無・有）

有の場合、加療の有無（無・有）

その他（＿＿＿＿＿＿＿）

母体の異常　**特に指摘されていない**＿＿＿＿＿

胎児の異常　**特に指摘されていない**＿＿＿＿＿

出生時

出生場所：**Ａ産婦人科**　在胎週数：**36**週　分娩経過：経腟分娩・帝王切開予定・帝王切開緊急

出生体重：**2000g**　身長：**40cm**　頭囲：＿＿＿＿＿　胸囲：＿＿＿＿＿

出産時の異常：仮死産　鉗子吸引　墜落出産

NICU収容（無）有　　黄疸：無　普通　強い　光線療法：無・有

その他：多胎、きょうだい（＿＿＿）の障害（内容：＿＿＿＿＿＿＿＿）

きょうだい（＿＿＿）の死亡（死亡時年齢：＿＿＿死因：**突然死で死因は不明**）

出生後の状況

身体運動の身体的発育、栄養状態、疾病や怪我

首のすわり（**不明**か月）寝返り（**不明**か月）お座り（**不明**か月）ハイハイ（**不明**か月）つかまり立ち（**不明**か月）始歩（**1歳5か月**）

栄養：母乳・人工乳・混合　卒乳の開始時期＿＿＿＿＿完了時期＿＿＿＿＿

疾病や障害の有無：知的障害　脳性まひ　重度身体障害　視力障害　聴力障害

発達障害：**自閉傾向を保育所が指摘している**　先天性障害：＿＿＿＿＿

体重増加不良　低身長：**保育所入園までは低体重が認められたが、現在はやや小柄ながら標準域**

肝炎（無）有：＿＿型）アレルギー（無）有、原因物質　不明・判明：＿＿＿＿＿）

その他＿＿＿＿＿＿＿＿＿＿＿＿＿＿＿＿＿

認知・言語発達、情緒発達　人見知りと対象：（無）有：＿＿＿）始語：**1歳9か月**　二語文＿＿か月

乳幼児健診の受診状況

1か月（受診・未受診　所見など：＿＿＿＿）3-4か月（受診・未受診　所見など：＿＿＿）

1歳6か月（受診・未受診　所見など：＿＿＿）3歳（受診・未受診　所見など：＿＿＿）

保育所利用：（無・有）

①利用時期：**1歳9か月**から**2歳10か月**まで　利用先**私立Ｅ保育所**

通園状況など**母親が朝起きられずに週に1回は休む**

②利用時期：**3歳11か月**から＿＿歳＿＿か月まで　利用先**公立Ｈ保育所**

通園状況など**母親が朝起きられずに休むことが3回あった**

③利用時期：＿＿歳＿＿か月から＿＿歳＿＿か月まで　利用先＿＿＿＿通園状況など＿＿＿

就学時健診状況（受診・未受診　所見など：＿＿＿＿＿＿）

心理発達検査などの所見

検査名＿＿＿＿＿月齢＿＿＿結果・所見＿＿＿＿＿

検査名＿＿＿＿＿月齢＿＿＿結果・所見＿＿＿＿＿

①予防接種Ａ：ツ反　・BCG　・麻疹　・ポリオ　・水痘　・おたふく　・風疹　・三種混合

②予防接種Ｂ（平成18年度より）：BCG・混合ワクチン（麻疹・風疹）・三種混合・水痘・おたふく・ヒブ・肺炎球菌・Ｂ型肝炎・ロタ

包括的アセスメントについて

…………………

**総合的な
情報の把握**

…………………

理解、
解釈

…………………

支援方針と具体的な
手立ての検討

…………………

ケースの振り返りと
評価

…………………

work A4-1	生育歴の基本情報の把握

step 0

I......step A

II......step B

III......step C

IV......step D

　A男やB子の記載を参考に自分の担当するケースについて、把握できているところをチェックしましょう。

<table>
<tr><td colspan="6" align="center">生育歴の基本情報</td></tr>
<tr><td>性別</td><td></td><td>受理年齢（月齢）</td><td></td><td>現在年齢（月齢）</td><td></td></tr>
<tr><td colspan="6">主訴、問題の経緯（相談の理由）</td></tr>
<tr><td colspan="6" height="60"></td></tr>
<tr>
<td rowspan="1">胎児期</td>
<td colspan="5">
妊娠前の不妊治療：　（無・有＿＿＿＿＿＿＿＿＿＿＿＿＿＿＿＿）
化学物質の摂取（母親の喫煙、アルコール、内服薬）：＿＿＿＿＿＿＿＿＿＿＿＿＿
健診受診状況：初診の遅れ　回数が少ない　飛び込み出産　その他＿＿＿＿＿＿＿＿＿＿
母子手帳の有無：　　有　・　取得したが紛失した　・　取得していない
母親のストレス状況、精神状態、胎児虐待の有無など：＿＿＿＿＿＿＿＿＿＿＿＿＿＿
母体の疾患：糖尿病（無・有）　妊娠高血圧症候群（無・有）　性感染症（無・有）
有の場合、加療の有無（無・有）
その他（　　　　　　　　）
母体の異常：＿＿＿＿＿＿＿＿＿＿＿＿＿＿＿＿＿＿＿＿＿＿
胎児の異常：＿＿＿＿＿＿＿＿＿＿＿＿＿＿＿＿＿＿＿＿＿＿
</td>
</tr>
<tr>
<td>出生時</td>
<td colspan="5">
出生場所：＿＿＿＿＿＿＿＿在胎週数：＿＿＿＿週　　分娩経過：経膣分娩・帝王切開予定・帝王切開緊急
出生体重：＿＿＿＿＿＿　身長：＿＿＿＿＿＿　頭囲：　　　　　　　胸囲：
出産時の異常：仮死産　鉗子吸引　墜落出産
NICU収容：無・有　黄疸：無　普通　強い　光線療法：無・有
その他：多胎、きょうだい（＿＿＿）の障害（内容：＿＿＿＿＿＿＿＿＿＿＿＿）
　　　　きょうだい（＿＿＿）の死亡（死亡時年齢：＿＿＿死因：＿＿＿＿＿＿）
</td>
</tr>
<tr>
<td>出生後の状況</td>
<td colspan="5">
身体運動の身体的発育、栄養状態、疾病や怪我
首のすわり（　か月）寝返り（　か月）お座り（　か月）ハイハイ（　か月）つかまり立ち（　か月）始歩（　か月）
栄養：母乳・人工乳・混合　　　　卒乳の開始時期＿＿＿＿＿＿　完了時期＿＿＿＿＿
疾病や障害の有無：知的障害　脳性まひ　重度身体障害　視力障害　聴力障害　発達障害：＿＿＿＿
先天性障害：＿＿＿＿＿＿＿
体重増加不良　低身長
肝炎（無・有：　　型）アレルギー（無・有、原因物質　不明・判明：　　　　　　）
その他＿＿＿＿＿＿＿＿＿＿＿＿＿＿＿＿＿＿＿＿＿＿＿＿
認知・言語発達、情緒発達　人見知りと対象：（無・有：＿）始語：＿＿＿か月　二語文＿＿＿か月　三語文＿＿
乳幼児健診の受診状況
1か月（受診・未受診　所見など：　　　　　　　）3-4か月（受診・未受診　所見など：　　　　　　）
1歳6か月（受診・未受診　所見など：　　　　　）3歳（受診・未受診　所見など：　　　　　　）
保育所利用：（無・有）
①利用時期：＿＿歳＿＿か月から＿＿歳＿＿か月まで　利用先＿＿＿＿＿＿通園状況など＿＿＿＿＿
②利用時期：＿＿歳＿＿か月から＿＿歳＿＿か月まで　利用先＿＿＿＿＿＿通園状況など＿＿＿＿＿
③利用時期：＿＿歳＿＿か月から＿＿歳＿＿か月まで　利用先＿＿＿＿＿＿通園状況など＿＿＿＿＿
就学時健診状況（受診・見受診　所見など：　　　　　　　　）
心理発達検査などの所見
検査名＿＿＿＿＿＿＿月齢＿＿＿＿＿結果・所見＿＿＿＿＿
検査名＿＿＿＿＿＿＿月齢＿＿＿＿＿結果・所見＿＿＿＿＿
①予防接種A：ツ反　・BCG　・麻疹　・ポリオ　・水痘　・おたふく　・風疹　・三種混合
②予防接種B（平成18年度より）：BCG・混合ワクチン（麻疹・風疹）・三種混合・水痘・おたふく・ヒブ・肺炎球菌・B型肝炎・ロタ
</td>
</tr>
</table>

　記入して確認することで、わかっていることと不明なことが明確になります。母子手帳で確認できる場合もありますが、母子手帳が取得されていない場合や紛失してい

68

る場合もあります。医療、保健機関などに確認すると把握できることがあり、機関連携の上での情報把握が重要となるところです。

step A4-2　子どもと保護者の生活歴の把握

子どもの生育歴を時系列に沿って把握します。ここでは保護者（中心になって子どもを養育している父母など）の生活歴にもさかのぼって把握します。子どもを理解し、子どもと家族を支援する上で、保護者の生活歴の把握は重要です。保護者の生き方やこれまでに抱えてきた課題が子どもの育ちに大きく影響を与えているからです。子どもに影響を与えている（いた）その他の養育者（祖父母など）についても記載します。

「保護者」の欄には、保護者の病歴、被虐待体験、ライフイベント（出会い、結婚、妊娠、離婚、転居、事故、災害、行事など）、学校（小、中、高、大学など）での様子、就労状況、喪失体験（大切な人、もの、居場所）、心的外傷体験、子どもへの対応（応答性、離乳食、しつけ、癇癪への対応など）、その他保護者の人生に影響を与えたであろう事柄について、把握できた範囲で時系列に記載します。

「子ども」の欄は、病歴、養育者との関係の推移（抱っこ体験、愛着形成）、心身の発達の経過、被虐待体験、ネグレクトの状況、ライフイベント、保育所・学校での様子、喪失体験（大切な人、もの、居場所）、心的外傷体験、不適切な刺激への暴露、問題行動や症状（発生時期と経過）、困難な状況にどう対応したか、その他、子どもに影響を与えたであろう出来事についてなど、把握できた範囲で記載していきます。年月日のみならず、その時々の年齢も記載します。こうすることで、子どもの育ちと行われた子育てがイメージできるようになります。

「その他の養育者」については、保護者の他に養育を担っている大人がいる場合に、保護者と同様の視点で記載します。以下は記載例です。

以下は、Ａ男と実母、およびＢ子と実母の生活歴にについて記載したものです。

Ａ男と実母の生活歴

子どもと保護者の生活歴			
年月日・年齢	子ども（本児）	保護者（実母）	同居家族など
実母就学前		実母が就学前に両親は離婚。実母の母（実母方祖母）と２つ上の姉との３人で暮らす。祖母は非常に厳しい人で、言うことを聞かないとよくたたかれたという。	実母方祖母 実母方叔母
実母小２		実母が小２の時、祖母が再婚する。継父も子どもに厳しく、継父からもよくたたかれた。	
実母小学校時代		学校では、気が強くて、男児ともよくケンカしていたという。	

包括的アセスメントについて

総合的な情報の把握

理解、解釈

支援方針と具体的な手立ての検討

ケースの振り返りと評価

69

実母中学時代		中学でバレー部に入るが、先輩たちからいじめられて中2で退部。その後、非行傾向が強まる。	
実母高校時代		高校進学するが、喫煙や教師への暴力があって中退する。	
実母20歳		居酒屋などで働き、17歳の時にA男の実父と出会い交際が始まる。	実母、実父
		20歳でA男を妊娠し、その後実父と結婚する。	
		妊娠中に実父の浮気が発覚し、その後夫婦の関係が悪化していく。	
A男0歳	本児出生。出産時の問題はない。	実母21歳でA男を出産。A男をあまりかわいいとは思わなかった。	A男、実母、実父
	夜泣きがひどかった。	夜泣きがひどくて実母は睡眠不足でイライラした。	
2歳		実母妊娠。実父は家に帰らないことが増えていく。	A男、実母、妹、実父
3歳		母方祖母が死去。	
		妹出生。実父はほとんど家に帰らなくなる。この頃から実母は内夫とのつきあいがはじまる。	A男、実母、妹
4歳1か月	保育所に入所。妹(11か月)も入所。夜7時から10時過ぎまで妹の面倒を見させられる。言われたとおりにできていないと厳しく叱られた。冷蔵庫の中のものを食べてしまって、暴力を受けたことが何回もある。	実父と別居し、スーパーで働く。保育所に迎えに行った後、7時過ぎから子どもを家に残して10時過ぎまで飲食店で働く。	
5歳	保育所では、ちょっとしたことでの癇癪が目立ち、言葉数も少なく言語発達や情緒発達に遅れを感じたという。またしつけが身についていないA男に対して、トイレットトレーニングを中心に手をかけた。保育士のそばについて回り、一緒に折り紙を折るのがとても好きだった。	A男に厳しく接することが増えていく。	
		保育所が本児の様子を心配し、母親に指摘するが、「自分の家のことは放っておいてほしい」と言った。	
6歳	小学校入学、学校では落ち着いて授業を受けることができず、級友との些細なもめごとからの癇癪が頻発し、先生から注意されれば、より興奮状態となった。遊び相手となる友人はまったくできずに疎まれた。	学校の面談でA男の様子を知らされると、母親は怒った表情で、「キチンと言い聞かせる」と話した。このことで母親の折檻はより強くなる。	
		この頃から内縁の男性が同居する。	A男、実母、妹、内夫
		実母は就労をやめる。	
		内夫はA男と一緒に出かけるなどして面倒をみたが、母の折檻の際には内夫も加わった。	
	下校後も家に帰らず徘徊するようになる。そのときにコンビニエンスストアなどで万引きをした。	さらに厳しい折檻をするようになる。	

| 7歳 | 実母に叱られても、さらに徘徊などの行動は悪化。
小2に進級。
養護教諭が体のあざや手足の火傷のあとに気づき、学校から児童相談所に通報。その日に一時保護。 | 母親は一時保護に激怒するが、面接に応じる。いったん施設に預けて、母子関係の改善を図ることを提案される。はじめは拒否していたが、施設の訪問などを経て、施設入所に同意する。その際、「このままでは、自分はAをどうしてしまうかわからなかった」と危機感があったことを吐露する。 | |
| | 児童養護施設入所 | | |

包括的アセスメント
について
....

総合的な
情報の把握
....

理解、
解釈
....

支援方針と具体的な
手立ての検討
....

ケースの振り返りと
評価
....

B子と実母の生活歴

子どもと保護者の生活歴			
年月日・年齢	子ども（本児）	保護者（実母）	同居家族など
実母小4		実母小学校4年時に母方祖父母は離婚し、母子家庭となる。母親が就労し、家で留守番をすることが多くなった。	実母、実母方祖母
中学		中学になると祖母が飲酒して帰宅することが増え、実母はそれが嫌だった。飲酒時の祖母は実母に愚痴を言っては当たるようになった。実母が口答えをすると怒鳴り、ときに喧嘩になった。 中学2年ごろから、親に対する反発、家出や喫煙などの問題がはじまる。 高校入学するも、授業の抜け出し、喫煙などがあって高2で中退。その後実母との関係は悪化し、家出をし、知人宅を転々としながらアルバイトをするようになる。	
		19歳の時、居酒屋のアルバイト先で出会った実父と交際。	実母
実母20歳		20歳の時、妊娠するがそれがわかると実父が離れ、そのまま別れる。未受診のまま妊娠36週で飛び込み出産。	実母、実父
0歳	本児出生。未熟児で3週間NICUに入る。	出産後すぐに保健師が訪問。乳幼児健診の受診を促す。「ひとりで大丈夫、やっていける」と答えたという。	祖母が出産を知り、様子を見に来てくれるが、喧嘩となり帰ってしまう。
3か月	民間の託児所に預けられる。	複数の民間の託児所に預けて飲食店で働く。	実母とB子で暮らす。

71

step 0

I......step A

II......step B

III......step C

IV......step D

1歳7か月	1歳半健診を未受診のため、市保健師が訪問。 発語がなく、表情も乏しい。母親と子どもとの応答的やり取りが乏しい様子が見られた。	訪問時の実母は、疲れた様子で「日々の生活や養育がひとりでは大変」と訴える。複数の託児所ではなくて、保育所を1箇所にして預けることを勧めた。	
1歳9か月	E保育所入所 入所当初は、発語がなく、言葉をかけるなどしても応答が乏しく、抱っこしても、嫌がった。しかし、発語がすぐにあって徐々に二語文を話し、保育士との会話が増えていく。保育士に甘えるようになり、2歳過ぎには抱っこを求めてくるようにもなる。	継父との交際が始まる。	
2歳10か月	T市に転居。実母、継父とアパートで暮らす。 仕事の間、B子は、継父方祖父母の家に預けられる。	継父と再婚。継父のいるT市に転居。飲食店の仕事は継続。	B子、実母、継父、継父方祖父母
3歳2か月	3歳健診未受診。保健師が訪問し祖父母と面接。B子は祖母になついていた。祖母は「実母がB子をしっかりみていない」と不満を漏らした。	実母と継父方祖母との折り合いが悪くなる。 継父方祖母との関係悪化。継父とも関係がこじれていく。	
3歳7か月	別のアパートに転居。実母と二人になる。 実母の就労中は実母の友人K宅に預けられる。 帰宅後も、実母は、B子を家に置いたまま外出するようになる。B子は家を出て徘徊するようになる。	離婚。アパートに移り住む。 K宅にB子を預けて仕事を継続。 この頃から実母は抑うつ的となり、仕事も休むことが増える。 Kの紹介で精神科クリニックを受診。	実母、B子、(友人K)
3歳10か月	夜の8時ごろ徘徊しているB子を主任児童委員が見つけ、児童相談所に通告。警察はネグレクトを疑い、警察から児相に身柄つき通告。そのまま一時保護となる。	その日に実母と面接。「買い物に行く間、留守番させていた。これから気をつける」「精神的には参っていて、クリニックに受診している」「もう一度保育所に預けて、仕事をしたい」と話す。	
3歳11か月		T市の職員と保健師が訪問。支援についての話し合いをする。	
3歳11か月	公立のH保育所に入所。	生活保護受給。	

work A4-2　子どもと保護者の生活歴の把握

自分の担当するケースについて、Ａ男とＢ子のケースを参考に記載してみましょう。

子どもと保護者の生活歴			
年月日 （月齢・ 年齢・学 年）	子ども（　，　，　）	保護者（　，　）	その他の養育者（　，　）

包括的アセスメント
について
• • • • • • • • • • • • • • •

総合的な
情報の把握
• • • • • • • • • • • • • • •

理解、
解釈
• • • • • • • • • • • • • • •

支援方針と具体的な
手立ての検討
• • • • • • • • • • • • • • •

ケースの振り返りと
評価
• • • • • • • • • • • • • • •

step A5 ｜ 心理的所見と医学的所見

step 0

Ⅰ......step A

Ⅱ......step B

Ⅲ......step C

Ⅳ......step D

　ここでは社会的養護ケースに用いられるいくつかの心理検査や心理評定の概要と医学的診断の意味を理解します。これらは、包括的アセスメントの重要な情報として位置づけられます。一方、検査結果や診断のみでは、その子どもの一部の特性や病状を理解できても、全体像を理解したことにはなりません。様々な情報から、全人的な理解と総合的な支援の手立てを検討していくことが包括的アセスメントです。

1．心理検査・評定

（1）知能検査・発達検査

　認知発達や認知機能を測定するためのテストです。以下のものなどがあります。

①　新版 K 式発達検査

　0 歳から 14 歳までの子どもを対象とした発達検査ですが、乳幼児に用いられることが多い検査です。「姿勢・運動」「認知・適応」「言語・社会」の 3 分野に分け、精神面のみでなく身体的発達も含めて全人的に発達状況を調べます。結果は発達指数（DQ）で示されます。得意な分野と不得意な分野をとらえやすいという特徴があります。乳幼児を対象とした発達検査としては、この他に遠城寺式乳幼児分析的発達診断検査（0 歳から 4 歳 7 か月児対象）や津守式乳幼児精神発達診断検査（1 歳から 7 歳児対象）などがあります。こうした検査は、乳児院や児童養護施設の幼児部に入所している子どもの発達状況をとらえるのに有効です。

②　WISC-Ⅳ

　代表的な知能検査です。5 歳〜 16 歳 11 か月児を対象としています。これ以外の年齢に対しては、2 歳 6 か月〜 7 歳 3 か月の幼児を対象とした WPPSI-Ⅲ、16 歳〜 90 歳 11 か月の成人を対象とした WAIS-Ⅳがあります。全体的知能水準（FSIQ /Full Score IQ）を診断（平均域は 90 〜 109）するだけでなく、言語理解指標（VCI/Verbal Comprehension Index）、知覚推理指標（PRI/Perceptual Reasoning Index）、ワーキングメモリー指標（WMI/Working Memory Index）、処理速度指標（PSI/Processing Speed Index）の構成要素に分けて診断されます。これによって得意あるいは苦手な情報処理の方法や分野などが把握できます。

　発達検査も知能検査も、子どもが検査中にどれだけ自分の力が発揮できたかに左右されます。特に虐待を受けた子どもは、課題に対しての苦手意識や検査者に対して恐怖心などを抱きやすく、本来の能力が発揮できない場合があります。また知能は恒常的で変わらないものと思われがちですが、劣悪な環境におかれた結果、年齢相応の知識やスキルを学ぶ機会に恵まれず、答えられない課題も少なくありません。こうした子どもたちの中には、施設入所や里親委託後に IQ 値が向上するケースがあります。当初の IQ 値のみで知的障害であるなどと決めつけると理解を誤る可能性があり、留意が必要です。

（2）投影法

① ロールシャッハテスト

　投影法テストの代表的な技法の1つです。インクの染み状の図が描かれた10枚のカード（無彩色カードと彩色カード）を順に被験者に見せて、カードの染みが何に見えるのかを自由に回答してもらい（自由反応段階）、次に質疑段階で、どこがどのように見えたかなどを質問します。回答を、図のどのような特徴から生じたかを中心に分析、解釈することにより、人格の知的面や情意面を理解しようとするものです。投影法のテストとしては、この他に樹木画を描いてもらって分析するバウムテスト、カードに描かれた絵から物語を作り、その内容を分析するTATなどがあります。こうした投影法は信頼性と妥当性に問題があると言われていますが、臨床現場では、通常では気づきにくい側面に理解をもたらしてくれることも確かで、1つのツールとして有益な技法だと思います。ただし技法を充分に習得した心理職が行う必要があります。

② 文章完成法

　「私の母親は＿＿＿＿＿＿＿」など、不完全な文章の続きを加えて、全文を作ってもらい、その内容を分析するものです。投影法の1つですが、対人認知や自己認知など、生活の中で重要な人や物事に対する認知や対応パターンなどを理解する際に参考になるテストです。

③ バウムテスト

　バウムテストとは被験者に樹木や実のなる樹木を描かせ、幹、根、枝、葉、実が有無や形状、筆圧、位置などの側面から、パーソナリティや心的課題などの可能性を把握しようとするものです。

④ HTP

　家、木、人を紙に描かせ、それらの形状、位置取り、筆圧などからパーソナリティや心的課題などの可能性を把握しようとするものです。

（3）各種インベントリー

① TSCC（Trauma Symptom Checklist for Children）

　虐待などトラウマ体験の後に生じる精神的反応ならびにそれに関連した心理的な症状などを評価するものです。アメリカで開発され、日本の子どものデータで標準化された日本版があります。

② CBCL（Child Behavior Check List）

　子どもの問題行動を測定するための尺度で、回答者は、対象の子どもをよく知っている親や施設の養育者などです。別に教師用（TRF / Teacher's Report Form）と自己評価用（YSR / Youth Self Report）もあります。子どもの感情的、行動的、社会的側面を測定する尺度で、注意欠陥多動性障害、反抗挑戦性障害、行為障害、小児うつ病、分離不安障害、小児期の恐怖症、社交不安障害、特定の恐怖症、その他小児期から青年期までの問題とされる行動の把握に使われています。

③ 子どもの解離症状チェックリスト　CDC（The Child Dissociative Checklist）

　これは日常で見られる解離症状を評定するものです。「明らかに証拠があるときでも自分の間違った行動を否定し続ける」など20項目を、子どもの様子をよく知る支援者がチェックするものです。該当する項目についての総合点を出すようになってい

ますが、項目に示された1つ1つの解離症状について、子どもの日常の言動を振り返って点検することに意味があると思います。

④　子どもの性的行動インベントリー　CSBI（Child Sexual Behavior Inventory）

　性化行動をチェックするものです。性的虐待を受けた子どもが示す性的行動について、通常の子どもと比較し項目にしたものです。ただCSBIはアメリカの子どものデータに基づいて作成されたもので、まだ日本では標準化されていません。中には日本で用いるには不適当な項目もあります。

2.　医学的所見

（1）診断マニュアルについて

　小児科や精神科をはじめ様々な医学的所見は、脳をはじめ身体に関する長期的な機能障害など重要な情報となります。脳波検査他様々な検査をベースに長期的な障害などを特定し、薬物治療やリハビリなどが行われます。施設職員や里親はこれらについてその意味や副作用などを充分に理解し、日常の援助の中に組み込む必要があります。

　精神医学的診断は、主に世界保健機関（WHO）のICD-10と、アメリカ精神医学会のDSM-Vに基づいてなされている場合が多いでしょう。これらの診断は特徴的な症状が一定期間続くなどの基準を満たしたときに特定の診断分類に振り分けられるものです。他の医学的診断と違い、ほとんどの診断名が病気の原因に基づいたものではない点に留意が必要です。症状を分類した結果の診断名ですから、背景要因や症状の原因についてはさらに検討していく必要があるのです。

（2）医学的所見

　ほとんどの医師は、診断名の特定にとどまることなく、背景要因や症状の原因についての所見を検討します。その際、診察室での子どもの言動だけでなく、生育歴、家族状況、生活の様子などの情報が必要となります。これまでワークしてきた諸々の情報です。

　そこで市町村の職員、児童相談所の職員、施設職員や里親などの支援者が医療機関に相談するときには、子どもの様子など、これまで把握してきた情報を的確に医師に伝えることが重要となります。子どもだけでは自分の状態を上手に伝えられません。支援者は具体的で的確に、簡潔に医師に伝えるという技術が必要です。

（3）服薬について

　子どもによっては薬物療法を必要とする場合があります。ただ薬物療法の多くは根治療法としてではなく、症状の緩和を目的としています。症状を緩和することで、日常を暮らしやすくし、その上で心的課題の解決や生活スキルの習得などに取り組めるようにします。

　支援者は薬物の内容を理解し、服薬後の子どもの変化について医師に伝えることが重要です。薬物の効果と矛盾するような対応（眠剤を服薬しているのに、夜の活動を多くして興奮させるなど）は慎まなくてはなりません。副作用についても医師からの説明をよく聞き、どのように対応するかについて指示を受けておくことは必須です。

　また薬の管理は重要です。医師の指示通りに服薬できるよう支援者が管理するなど、

充分に配慮しなくてはなりません。

work A5　心理的所見と医学的所見の把握

　担当する子どもについて、心理検査所見や医学的所見（服薬の内容も含む）などがある場合は、work A1-1 の子どもの状態像の把握票に記載しましょう。その際に、どこでいつ行われた心理所見か、どの医療機関でいつ診断されたものかを必ず明記しておきます。

　併せて、医学的診断については、その内容を調べておきましょう。精神医学的診断については ICD-10 や DSM- Ⅴのガイドラインを読むなどして内容を把握できます。また服薬をしている場合、その薬についても本などを読んで内容を把握しておきましょう。特に副作用については充分に周知しておく必要があります。

包括的アセスメント
について

総合的な
情報の把握

理解、
解釈

支援方針と具体的な
手立ての検討

ケースの振り返りと
評価

II step B 理解、解釈

step A では、多角的に情報をとらえる視点を学んできました。step B では、step A で得られた情報をもとに、ケースの理解や解釈を行っていきます。

1. ケースの「抱えた課題」の検討（step B1、B2）

子どもと家族の抱えた課題を検討します。不適切な養育環境や被虐待体験は子どもの心身に負の影響を及ぼします。その結果として、発育の遅れやゆがみ、精神症状、不適応行動などの問題を抱える可能性があります。また、子どもに影響を与えてきた家族も多くの課題を抱えています。家族についても、抱えた課題を検討し整理します。

2.「ケースの力」の検討（step B3、B4）

ケースの理解や解釈を行う上で、重要な視点は「ケースの力」の検討です。「ケースの力」は、子どもと家族の、これまで生きてきた力、健康的な側面、前向きな考え方や姿勢、よき資質や能力などの「当事者の力」、および現にケースを支援している（きた）人や機関などの「既にある支援」の2つの方向から理解します。

3.「抱えた課題」と「ケースの力」の関係

「抱えた課題」と「ケースの力」の関係は図5のような関係にあります。「ケースの力」は、「抱えた課題」の解決に向けた支援を行う際、その支援を後押しする強力な力となります。「ケースの力」を見出し、支援に活かすことは、子どもの課題の回復や生きる力の促進、家族の改善と機能の強化、親子関係の修復などをエンパワーします。

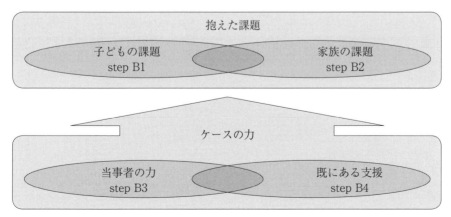

図5 「抱えた課題」と「ケースの力との関係」

step Bの構成

step 0

I.....step A

II.....step B

III.....step C

IV.....step D

以下の step に分けて、それぞれの抱えた課題とケースの力の検討を行います。

step B1　子どもの抱えた課題の検討

step B2　家族の抱えた課題の検討

step B3　「当事者の力」の検討と整理

step B4　「既にある支援」の評価と整理

---

step B1 | 子どもの抱えた課題の検討

1. 子どもの抱えた課題を検討する3つの視点

　現在の子どもの症状や問題行動などの背景要因を検討する際には、大きく3つの可能性を常に考えることを習慣としましょう。3つの可能性とは、以下のものです。

（1）生来的あるいは長期的な障害や疾病など

　生来的な障害や疾病・素因、あるいは虐待などによって長期に抱えざるを得ない障害や疾病等の有無を吟味します。障害などが明らかな場合、それらの症状を受け止め、それらに配慮した無理のない生活を送れるよう環境や手立てを検討します。

（2）過去の環境的要因によるもの

　子どもの症状や問題を、過去の養育や生活環境の影響によるものとみなし、適切な環境や適切な手立てを提供すれば回復する可能性は大きいと考える視点です。

（3）現在の環境によるもの

　子どもの症状や問題を、現在の子どもを取り囲む環境（家庭や学校などでの生活環境）による影響とみる視点です。現に今起きている虐待、衣食住の欠如、いじめ、搾取、その他子どもの暮らしを脅かす全てのことです。安全が確保されるよう早急な対応を検討することになります。

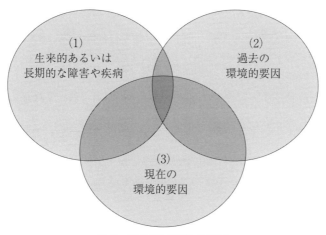

図6 3つの可能性の関係

　これらの3つ背景要因は、図6のように重なり合っています。どれかひとつの要因に限定されることはまれで、複合している場合が多いということです。それぞれの課題を整理したうえで、互いがどのような関係にあるのかを検討することが有益です。

　時折見かける誤りは、子どもの状態像の背景を、3つのどれかひとつに定めてしまい、他を検討しなくなることです。

　例えば5歳児が保育所で集団活動になじまず、一人で遊んでいる姿に対して、生来的な発達障害と決め付け、他の可能性を吟味しないなどです。過去に充分に応答する養育者がおらず、人とかかわる体験が乏しかったゆえの可能性も考えられます。この場合、保育士と1対1の関係を築く中で改善していく可能性は大きいと考えるべきでしょう。

　3つの側面の可能性を常に頭において検討することが重要なのです。

2. 課題の内容

（1）生来的あるいは長期的な障害や疾病

ア）身体的障害、疾病、身体機能

　この側面としては、まず生来的（または遺伝的）に抱えた身体的障害や疾病があげられます。生来的でなくてもアレルギーや難病などの長期に及ぶ疾病、さらには事故や疾病後の後遺症なども含まれます。

　虐待による、長期的な後遺症や傷跡などは、特に慎重に把握しておく必要があります。虐待の子どもへの影響は、低身長や低体重などの発育不良と共に、体温、心拍、血行など基本的身体機能の不調にも及びます。また身体感覚に問題があることも多く、特定の感覚に関する過敏さと、その逆の鈍磨が問題となる子どももいます。感覚の鈍磨ゆえに、怪我をした痛み、高熱の苦しさなどが感得できずに、誰にも訴えないこともありえます。

　これらの課題については、**step A** での以下の票への記載情報をもとに検討します。

・「子どもの状態像」（**step A1**）：身体的側面を中心に把握された身体的障害や疾病、身体機能に関する情報。
・「24時間の生活の様子」（**step A2-4**）：日常の生活場面を通した子どもの身体機能や身体感覚について様子。
・「子どもの生育歴の基本情報」（**step A4-1**）：発育状況、疾病や障害の状況、虐待の有無など。
・「子どもの生育歴と保護者の生活歴」（**step A4-2**）：病気や障害がいつ発生したのか、その原因や経過。
・「心理検査・評定を含めた心理的所見および医学的所見」（**step A5**）：専門医の診断、所見。

イ）知的障害、発達障害など、脳機能の問題

　生来的な脳機能の障害による言語障害、知的障害、てんかん、発達障害などがあげられます。生まれながらの敏感さなどといった素因も含まれます。近年、脳科学の進歩により、虐待を受けた子どもの脳の生理学的異常について多くの知見が報告され、人生の初期段階における不適切な環境が脳に及ぼす影響の大きさを認識するようになりました。こうした子どもたちが、発達障害児特有の症状を示す場合があり、生来的な発達障害との識別が非常に難しくなっています。ただ施設入所などの環境の変化によって大きく改善される場合や、特定の場面で極めて適応的な行動が取れる場合などは、環境的要因が大きかったと考えるべきでしょう。

　障害の把握については、ただ単に障害の有無を見定めるのでなく、何の機能にどの程度の問題が生じているのかを詳細に検討することが重要です。どのような取り組みが可能で、配慮が必要な場面はどこかなど、現実的な対応が必要となるからです。

　これらの課題については、**step A**での以下の票に記載された情報を元に検討します。
・「**step A1**：子どもの状態像の把握」心理的側面の認知言語発達や社会的側面の対人関係の様子や共感性の程度など。
・「**step A2-4**：24時間の生活の様子」日常の生活場面を通した子どもの認知、社会的機能、こだわり、対人関係の様子など。
・「**step A4-1**：生育歴の基本情報の把握」発育状況、乳幼児健診の所見、保育所などでの対人関係や遊びの様子、保育士など支援者の所見など。
・「**step A4-2**：子どもと保護者の生活歴の把握」発達状況、基本的な生活習慣の獲得経過、親子関係や保育所などでの対人関係の様子、学力、遊びの様子など。
・「**step A5**：心理的所見と医学的所見」専門医の所見、発達検査などの心理検査所見。

（2）過去の環境的要因

　人間は環境との相互作用によって成長発達する存在です。過去の養育環境や様々な出来事が、今の子どもの状態に影響を与えています。次に挙げる視点からの検討は重要です。

ア）初期の心的発達の阻害

認知発達、情緒発達、社会性の発達など、年齢相応の発達状況であるか、ばらつきはないかなどを評価します。

心の発達には、新生児期、乳児期、幼児期前期、幼児期後期、学童期、思春期青年期などといった人生の段落ごとに獲得すべき発達課題があります。その獲得は山を積み上げるごとくで、初期の発達課題であるほどに人格の基盤となる重要な課題となります。以下の視点は重要です。

・基本的信頼感の獲得と愛着形成

乳児期の発達課題を、「基本的信頼感」の獲得と述べたのはエリクソン（Erikson 1963）です。「基本的信頼感」は自分自身、自分を取り巻く環境も含めた世界全体に対する安心と信頼の感覚です。これは、養育者が子どもの生理的、情緒的欲求に繰り返し応答し、不快や不安な状態から快適で安心した状態に何度も導かれることで育まれていきます。

やがて幼児は、自分に安心をもたらす存在である養育者を見定めるようになり、恐怖や不安を感じたときは、その養育者にくっついて安心を得ようとしはじめます。ボウルビイ（Bowlby 1982）は、こうした行動を愛着行動、その養育者を愛着対象と呼びました。愛着対象を安全と安心のよりどころとして、安心感を得た子どもは、養育者から離れて生き生きと探索行動を行うようになります。探索行動は、子どもが様々な知見や能力を育む機会となりますが、愛着の対象がおらず、そのまま年齢を重ねた子どもは、つねに不快や不安で一杯のため、豊かな探索行動も展開されず、萎縮したまま、周囲への不信感と恐怖心を強めていってしまいます。

愛着の基盤が安定し、基本的な信頼の感覚が育まれているかを検討するには、**step A** で取り上げた以下の票に記載された情報が有益です。

- 「**step A1**：子どもの状態像の把握」安心感、周囲に対する信頼感、不安や恐怖、愛着行動、探索行動、主体性など。
- 「**step A2-2**：保護者の状態像の把握」子どもへの感情、子どもへの応答性、育児不安、産後うつ、虐待やネグレクトの有無など。
- 「**step A2-3**：家屋の状況や経済状態の把握」親子の寝室、食事の場など基本的生活の場の様子。
- 「**step A2-4**：24 時間の生活の様子」養育の負担が大きい場面や状況、虐待や DV などが発生しやすい時間や状況など。
- 「**step A2-5**：家族関係と家族の価値観や文化」子育てに関する考え方、育児に関する価値観。
- 「**step A4-1**：生育歴の基本情報の把握」初期の養育環境、子どもの心的発達の様子。
- 「**step A4-2**：子どもと保護者の生活歴の把握」保護者の被虐待などの逆境的体験、配偶者との出会いと経過、妊娠と出産に対する思い、出産後の親子関係。

・しつけと自律性

1 歳を過ぎた頃から「しつけ」を通して基本的な生活スキルを身につけていきます。しつけが身につくことは，慣習やルールに合わせて自分の衝動や欲求を制御する力を

包括的アセスメント
について

総合的な
情報の把握

理解、
解釈

支援方針と具体的な
手立ての検討

ケースの振り返りと
評価

養うことでもあります。エリクソン（Erikson 1963）が，幼児期前期の発達課題を
「自律性の獲得」としたのは、この意味からです。この力が欠けていれば、その後の
集団適応や社会適応は困難となります。幼少から虐待環境におかれてきた子どもたち
は、基本的な生活習慣がつたないばかりでなく、衝動のコントロールが弱く、待つこ
とができにくく、すぐに怒るなどしてトラブルを頻発しがちです。

基本的な生活スキルの程度や、衝動制御の力の評価などを検討するに当たっては、
step A で取り上げた以下の票に記載された情報が有益です。
・「step A1：子どもの状態像の把握」トイレなど基本的生活習慣、癇癪、模倣、言語
　発達など。
・「step A2-2：保護者の状態像の把握」しつけの様子、癇癪への対応、保護者の精神
　状態、支配、放任など。
・「step A2-5：家族関係と家族の価値観や文化」しつけに関する考え方、生活習慣に
　関する考え方など。
・「step A4-2：子どもと保護者の生活歴の把握」保護者と親との関係、子どもと保護
　者との関係の経過など。

イ）心的外傷体験の後遺症

　被虐待児の中には，殺されそうになったなどの強烈な恐怖体験をもつ子どもがいま
す。これらは心的外傷体験となる可能性があり、その後遺症として不眠や悪夢、過剰
覚醒、フラッシュバックなどの不安症状（PTSD 症状）となって表れます。体験を想
起させる刺激や状況に触れることで、フラッシュバックなどの強い不安反応を引き起
こす場合があり、生活環境にそのような刺激や状況がないかを吟味することが重要で
す。
　虐待ケースの場合、心的外傷体験の多くが家庭内という密室で起きています。その
ため、心的外傷体験の有無とその内容がすぐに把握できない場合が少なくありません。
特に性的虐待はその最たるものでしょう。本人や家族から伝えられなければ、その体
験がなかったことにされかねず、その分子どもの PTSD 症状への理解と対応が遅れ
てしまいます。保育所や学校などの家庭以外の生活の場で、PTSD 症状が疑われる言
動をとらえ、その背景に被虐待体験がなかったか慎重に調べることが必要となります。

　PTSD 症状の有無や心的外傷体験の可能性などを検討するに当たっては、step A で
取り上げた以下の票に記載された情報が有益となります。
・「step A1：子どもの状態像の把握」心的外傷の後遺症と見られる言動や症状。
・「step A2-2：保護者の状態像の把握」衝動や欲求のコントロールの拙さ、暴力や性
　への歪んだ認識、他人に対する支配性、嗜癖や依存など。
・「step A2-3：家屋の状況や経済状況の把握」親子が密接にかかわる場面の把握、家
　族での部屋割りなど。
・「step A2-4：24 時間の生活の様子」虐待が発生しやすい時間帯や状況、フラッシュ
　バックなど、PTSD 症状が発生しやすい時間帯や状況

・「**step A2-5**：家族関係と家族の価値観や文化」暴力や性に関する不適切な家庭内文化や虐待行為への親和性など。

・「**step A4-2**：子どもと保護者の生活歴の把握」子どもの過去のトラウマ体験の有無とその状況、それらにどう対処したか、その後の症状などの経過など。

・「**step A5**：心理的所見と医学的所見」TSCC の結果と所見、子どもの解離症状チェックリスト（CDC）の結果と所見、子どもの性的行動インベントリー（CSBI）の結果と所見など。文章完成法に被虐待体験などが記述される場合やバウムテストなどの描画法で性的被害が表現される場合もあります。

ウ）喪失体験

　離婚、別居、転居などを繰り返してきた子どもは、その度に、自分にとって重要であった人、居場所、もの、活動など大切な対象や資源を喪失してきた可能性があります。子どもにとって喪失のダメージは大きいものです。喪失体験の繰り返しは、見捨てられ感、人生の連続性の分断、対象の安否に関する不安、新たな関係に対する期待の持てなさなどにつながります。施設入所や里親委託も喪失を伴います。喪失による後遺症が残らないように、それまで自分を支えてきた人やものとのつながり、活動の継続をできる限り保証することが重要となります。

　子どもの喪失について検討するには、**step A** で取り上げた以下の票に記載された情報が有益となります。

・「**step A1**：子どもの状態像の把握」失った人やものなどに対する思い、喪失に関連した様々な症状。

・「**step A2-3**：家屋の状況や経済状況の把握」大切だった居場所、家具、ものなどの把握。

・「**step A2-6**：家族と関係のある人や機関」自分を支えた重要な人、もの、機関などの把握。施設入所や里親委託の場合、こうした関係が切れてしまう危険性があり、それらが子どもの喪失体験となっていないかの検討が重要です。

・「**step A4-2**：子どもと保護者の生活歴の把握」過去の喪失体験、その子どもを支えていた重要な人、もの、活動。

エ）学習した不適切な認知、行動

　被虐待児の多くは、大人の不適切なモデルにさらされています。

　不適切な養育環境にいたことで、通常であれば触れる必要のない刺激に触れた結果、誤った知識や行動様式を身につけてしまう（誤学習）場合や、その状況を生き抜くために身につけた行動パターンなどです。以下の視点は重要です。

a）不適切な生活習慣や逸脱行動

　不適切な生活環境に馴染んでしまうこと、食事がないために食品を盗んでしまうなど、生きるための問題行動（盗み、嘘、徘徊など）、さらには保護者の不条理な要求や期待に従った過剰適応などが考えられます。

包括的アセスメント
について

総合的な
情報の把握

**理解、
解釈**

支援方針と具体的な
手立ての検討

ケースの振り返りと
評価

誤学習としての不適切な行動や逸脱行動、過剰な適応行動などを検討するに当たっては、**step A** で取り上げた以下の票に記載された情報が有益となります。

- 「**step A1**：子どもの状態像の把握」基本的な生活の様子、社会性のスキル、対人関係の様子、盗みや徘徊などの逸脱行動や過剰な適応行動の有無など。
- 「**step A2-2**：保護者の状態像の把握」基本的な生活に関する認識、しつけ、嗜癖や依存など。
- 「**step A2-3**：家屋の状況や経済状況」必要な家具の配置、掃除の様子、寝室などの様子、冷蔵庫や食卓の様子、浴室の様子など。
- 「**step A2-4**：24時間の生活の様子」基本的な生活の様子、生活が乱れる場面や状況、ネグレクトの状況など。
- 「**step A2-5**：家族関係や家族の価値観や文化」基本的な生活や社会性に関する考え方や家庭内文化。
- 「**step A4-1**：生育歴の基本情報の把握」初期の養育環境、子どもの心的発達の様子。
- 「**step A4-2**：子どもと保護者の生活歴の把握」子どもと保護者の生い立ちにおける生活の状況など。

b）暴力への曝露

DVなど、激しい暴力をふるう大人を見てきたことで、暴力への親和性（暴力を手段として使うことなど）や他者への支配性を強めてしまう場合です。

暴力に関する誤った認識や行動を検討するに当たっては、**step A** で取り上げた以下の票に記載された情報が有益となります。

- 「**step A1**：子どもの状態像の把握」子どもの暴力、対人関係における暴力、衝動や欲求のコントロール、怒り、恨み、被害感など。
- 「**step A2-2**：保護者の状態像の把握」DVの有無や程度、暴力的しつけ、嗜癖や依存など。
- 「**step A2-4**：24時間の生活の様子」DVが起きる場面や状況、暴力的かかわりが生じやすい場面など。
- 「**step A2-5**：家族関係と家族の価値観や文化」暴力や支配性が蔓延した家族、暴力を肯定する価値観、適切な社会性の欠如。
- 「**step A4-2**：子どもと保護者の生活歴の把握」子どもの頻繁な暴力の目撃、支配的な養育者など、保護者の子ども時代の同様な体験の有無。

c）不適切な性的モデルや刺激への曝露

不適切な性的行動を行う大人のモデルや性的刺激に暴露された場合、年齢不相応の性的行動を学んでしまい、子ども同士の遊びや大人とのやり取りの中で、そうした行動を示す場合があります。

誤学習としての不適切な性的行動を検討するに当たっては、**step A** で取り上げた以下の票に記載された情報が有益となります。

- 「**step A1**：子どもの状態像の把握」不適切な性的言動など。
- 「**step A2-2**：保護者の状態像の把握」大人の不適切な性的行為の有無、インターネ

ットなどでの不適切な性的情報に曝されている状況の放置や容認など。

・「**step A2-4**：24時間の生活の様子」不適切な性的刺激に曝されやすい時間帯や状況など。

・「**step A2-5**：家族関係と家族の価値観や文化」性に対する逸脱した認識や価値観。

・「**step A4-2**：子どもと保護者の生活歴の把握」不適切な性に関するエピソード、頻繁な性暴力などの目撃、保護者の子ども時代の同様な体験の有無。

オ）悪循環による逆境状況と不安、恐怖、心的葛藤、悩み（思春期の特性も含めて）

　要保護ケースや社会的養護ケースは、苛酷な環境を生き抜いてきたゆえに、様々な課題を抱えています。それらが保育所、学校、施設、里親など彼らの居場所となるべき場での対人関係不調や集団不適応につながる場合が少なくありません。このことが社会への不信感を強め、自己評価を下げ、新たな問題行動を生じさせ、状態は雪だるまのように悪化の一途をたどることになります。二次障害としてみなす深刻な問題です。

　悪循環の果てに思春期・青年期に至ったケースは、さらなる困難な状況に陥る可能性があります。思春期・青年期は、自分のありようやおかれた境遇、これまでの自分史にとらわれるようになり、過去の逆境状況は彼らの自己評価をさらに低下させます。被害感を強め非行など自虐的な行動にいたる場合、強度の心的負担から精神疾患を発症させる場合もあります。

　これらを検討するに当たっては、**step A**で取り上げた以下の票に記載された情報が有益となります。

・「**step A1**：子どもの状態像の把握」心理的な側面の情緒・行動上の問題、社会的側面の友人関係など。

・「**step A4-2**：子どもと保護者の生活歴の把握」家庭外でのいじめ、不適応状況などの状況や経緯。保護者の子ども時代の同様な体験の有無。

・「**step A5**：心理的所見と医学的所見」精神科などでの所見、文章完成法やロールシャッハテストからの所見など。

（3）現在の環境上の要因

　子どもの問題行動や症状の背景に、現在進行形の何らかの状況が影響している場合も少なくありません。何らかの状況とは、生命の危機、基本的な人権の侵害、様々なストレス、他者からの強要や教唆など様々です。不安げな表情の背景にある一時帰宅中の養育者からの辛辣で不適切な対応、頻発化した盗みの背景にある仲間集団からの盗みの強要など様々です。虐待やいじめは最たるもので、生命の危機や深刻な心への侵害にかかわるものです。

　また子どもたちは、多くの課題を抱えているゆえに、保育所や学校などの家庭外の場でも失敗を繰り返しがちです。叱責を受け、非難され、いじめられる可能性も高まります。こうして家庭外の生活の場さえも安心できない、暮らしづらいところとなってしまいます。このような状況も現在の環境上の課題としてとらえる必要があります。

包括的アセスメント
について

総合的な
情報の把握

理解、
解釈

支援方針と具体的な
手立ての検討

ケースの振り返りと
評価

二次障害を防止するための重要な視点となります。

ア）子どもにとって対処困難な状況

　子どもが示すパニックや暴力、あるいは解離症状などが見られる場面では、到底応えられない課題に直面している、強い不安や恐怖を感じているなどが背景として考えられます。注意されると混乱して、大声で叫んで殴りかかる、休み時間に落ち着きをなくして、他児とのトラブルになるなどです。これらを対処困難な危機状況ととらえて整理しておくことが重要です。

　子どもにとって対処困難な状況を検討するに当たっては、**step A** で取り上げた以下の票に記載された情報が有益となります。
- 「**step A1**：子どもの状態像の把握」心理的側面の情緒・行動上の問題や習癖、現在の環境への適応状況、ストレス反応、不安、恐怖、悩みなどの有無、保育士や教師との関係、友人との関係、家族との関係。
- 「**step A2-4**：24時間の生活の様子」対応困難な場面、失敗や叱責の多い場面、いじめなどが生じている場面、ストレスとなっている場面など。

イ）子どもの安全や人権が損なわれている状況

　いじめや脅しを受けている、非行や犯罪に巻き込まれている、家族からの被虐待など、子どもの安全や人権が脅かされている状況です。なかなか把握しづらい問題でもあるので、気づくための視点や手立てと把握された場合の関係機関への連絡や対応のあり方などをあらかじめ整えておくことが重要となります。

　人権侵害状況の把握に当たっては、**step A** で取り上げた以下の票に記載された情報が有益となります。
- 「**step A1**：子どもの状態像の把握」現在の環境への適応状況、ストレス反応、不安、恐怖、悩みなどの有無、保育士や教師との関係、友人との関係、家族との関係。
- 「**step A2-4**：24時間の生活の様子」対応困難な場面、失敗や叱責の多い場面、いじめなどが生じている場面、ストレスとなっている場面など。
- 「**step A2-6**：家族と関係のある人や機関（エコマップ）」子どもに近い関係者から危機的状況が把握されることがある。
- 「**step A5**：心理的所見と医学的所見」文章完成法に危機的状況が記載される場合があります。

　この票は、「生来的あるいは長期的な障害や疾病」「過去の環境的要因」「現在の環境上の要因」の3領域に分けて課題を検討し、記述する票です。A男とB子について、課題を整理したものです。

Ａ男の課題の検討

子どもの課題の整理	
生来的・長期的な障害や疾病	身体的障害、疾病、身体機能 身体が小柄：養育環境のストレスが関係しているかもしれない。
	知的障害、発達障害など、脳機能の問題 ・注意欠陥多動性障害の疑い：落ち着きのなさ、周囲の刺激への過敏さなど注意欠陥多動性障害の可能性はある。しかしこうした状態が、生来的なものであるか、養育環境の不適切さによるものなのかについては、Ａ男の今後の経過を踏まえての検討が必要。生育歴からは、2、3歳から落ち着きがなかったということなので、活動性の高い素因は持っていたことは推察される。しかし母子関係をふりかえると、愛着形成は充分であったとは言えない。愛着基盤の脆弱さは、安心感に包まれた生活を保障できず、逆に不信感や恐怖心を強めてしまう。さらに夜間の留守番や実母からの折檻は恐怖心を強めたと考えられる。落ち着きのなさは、周囲への恐怖心による過度の警戒心の表れと考えるほうが妥当だろう。 ・ボーダーラインの知的能力：言語性に比して動作性の高さは、潜在能力の高さを思わせる。恐怖心、警戒心の強いＡ男がテスト場面でどれだけ力を発揮できていたかも疑問である。安心感の得られない養育環境の中では、言語的知識や能力を獲得する機会も損なわれていたと思われる。これについても今後の経過のなかで、知的能力の回復可能性について検討する必要がある。
	その他 特になし
過去の環境的要因	心的発達の阻害 以下のような初期の心的発達課題獲得のつまずきが認められる。 ・基本的信頼感を凌駕する不信感および愛着形成の不全 ・基本的生活習慣の拙さ、衝動の制御困難 こうした課題獲得のつまずきは、情緒や言語の発達、対人関係や集団参加などの社会適応力の向上を妨げてしまう。Ａ男の言語能力の低さ、情緒の細やかさの欠如、友人間のトラブルはこうした心的発達の脆弱さが基盤にあると推察される。日常生活の中で安心感を抱き、信頼できる支援者との関係構築を基盤に育ち直りを目指すことが必要と考える。 ・情緒発達のゆがみ：衝動的で、暴力的な言動と感情、感情が伴わずに淡々と語る、一般の感覚とずれた感情表現などが目立ち、肯定的で豊かな情緒表現が見られない。 ・対人関係（友人関係）のとれなさ：被害感の強さ、感情のコントロールの悪さ、対人スキルのなさなどから集団に入れず、トラブルも多く、ゆえに他児から疎まれてしまう。大人に対しても同様で、特に女性の支援者への求めは強いが、それがすぐにかなわないと、不安になり、怒り、暴言や暴力に至ってしまう。相手に苦手意識を持たれやすいので、孤立し、阻害され、さらに被害感を強めてしまう。
	心的外傷体験の後遺症 ・タバコの火を押し付けられる折檻：これらはＡ男にとって深刻な外傷的体験となったと考える。食事中に淡々と火傷痕を見せるのは、おそらく食事の場面で、タバコの火を当てられたのだろう。食事場面でこの被害体験が想起され、フラッシュバックが起きているとみておくことも必要である。淡々と語るのは解離症状の表れだろう。「お化けがでる」などの夜間の恐怖も、夜間の放置や繰り返される折檻などが背景にあると考える。放置や折檻など、恐怖感の強い家庭ての生活は恐怖で満ちており、施設入所後も、日常の様々な場面が、トラウマの想起につながり、恐怖心を呼び起こしてしまっていると考える。日常の行動観察を丁寧に行い、どのような刺激や状況がトラウマの想起につながり、恐怖や不安の症状（フラッシュバック、解離症状、情緒の混乱など）につながるかを見定め、それらの刺激や状況を回避、低減できるような環境作りが必要と思われる。
	喪失体験 ・対象や居場所の喪失：2歳のときの実父との別れ、実母が夜間にいなくなる、かわいがってくれた保育士との別れ、施設入所に伴う学校の担任や友人たちとの別れなど、Ａ男にとって重要な対象や居場所がなくなる、変更するなどの体験は、悲しみや恐怖を強め、これから出会う支援者や居場所についても、いつ失うかわからない不安となっていると思われる。支援者との継続的な信頼関係構築が必須と考える。

包括的アセスメントについて
．．．．．．．．．．．．．．．．．．．

総合的な
情報の把握
．．．．．．．．．．．．．．．．．．．

**理解、
解釈**
．．．．．．．．．．．．．．．．．．．

支援方針と具体的な
手立ての検討
．．．．．．．．．．．．．．．．．．．

ケースの振り返りと
評価
．．．．．．．．．．．．．．．．．．．

学習した不適切な認知、行動
・徘徊と盗み：家に帰らないことやコンビニでの盗みは、恐怖に満ちた家庭からの逃避と、空腹を満たすための盗みであり、Ａ男にとっては、現状を生き抜くための行動であったと考える。こうした逸脱行動が繰り返され常習化している子どももいるが、Ａ男はそこまでには至っていない。日々の生活の場に恐怖の対象がないこと、食事があることなど、暮らしに安心と安全が保障されていれば、こうした行動が生じる可能性は少ないと考える。しかし全く可能性がないわけではないので、注意して行動を見守る必要はある。

逆境状況とそれによる不安、恐怖、心的葛藤、悩み
・被害感の強さや自己評価の低下：Ａ男の課題は、就学後の学習への取り組みや友人関係などに支障をもたらした。学習についていけず、級友とも喧嘩などのトラブルが繰り返され、そのたびに担任から叱責や他児からの非難を受ける機会が増えてしまった。この結果、Ａ男は被害感や自己否定感をさらに強めてしまうという悪循環に陥ったと考える。

現在の環境上の要因

対処困難な状況
以下の場面が対処困難な場面と考える
・休み時間などでの情緒的混乱：多数の子どもがいて、刺激が多く、何が起きるか予測がつかない状況はＡ男を不安にさせ、他児から中傷などがあればたちどころに不安定になり、他児を攻撃する。
・就寝時の恐怖と不安：夜や暗闇に対する恐怖感が非常に強く、なかなか寝付けない。
・食事中の外傷体験に関する言動：食事場面での折檻のフラッシュバックによって、食事を味わい楽しむことができない。
・母親との面会時の過度の緊張：支配的な母親に対する恐怖は強く、緊張感から思うように話せない。

子どもの安全や人権が損なわれている状況
施設や学校の生活の中で以下の可能性を想定しておく必要がある
・他児からいじめを受ける懸念：他児とのトラブルが多く、疎まれているため、年長児などからのいじめなどを受ける可能性はある。
・家に帰ったときの実母からの折檻の懸念：家庭でされていたことが、帰省中に再発することの懸念はある。

B 子の課題の検討

	子どもの課題の整理
生来的・長期的な障害や疾病	・身体的障害、疾病、身体機能
	・低身長、低体重：生来的な成長障害の可能性も否定はできないが、食事が充分てないことが考えられる。充分な食事環境を整えることと今後の成長曲線の推移を丁寧に見ていくことが必要。 ・体温の低さ、血行の悪さ、手足のあれ：身体的発育が充分でない。生来的なものか、養育環境によるものかは今のところわからないが、健康的な養育環境におかれてからの変化を丁寧に見ていくことが必要。
	・知的障害、発達障害など、脳機能の問題
	・認知発達の遅れ：言葉の遅れが認められる。田中ビネーではボーダーライン。1歳9か月から通った保育所で、すぐに発語、会話ができるようになっていったことから、遅れの背景には親子間の交流不足、体験不足が大きく影響していると思われる。 ・自閉的な傾向：ひとり遊びが多く、自閉的な傾向が認められる。愛着形成や対人交流の機会が乏しかったためと考える。保育士に盛んに甘える姿は、自閉というよりも、発達の未熟さが優勢で、保育士との関係を基盤に、子ども同士の関係も徐々に広がるものと考える。
過去の環境的要因	・心的発達の阻害
	・愛着形成の不全：すぐに民間の保育所に預けており、また親子での情緒的なやり取りは乏しく（1歳7か月時の保健師の訪問時の様子からもうかがえる）、家の中で放置されるような状態であったため、親子の情緒的結びつきは弱く、実母は愛着対象として充分ではなかったと考える。保育士（1歳9か月から1年）との関係が構築され、愛着対象になりえていたと思われるが、2歳10か月で関係は切れてしまう。その後の継父および継父方方祖父母（2歳10か月から3歳7か月）との関係、母親の友人K（3歳7か月以降）との関係がどうだったか不明だが、B子にとっての愛着の基盤は極めて脆弱であったといえよう。 ・基本的生活習慣の拙さ：実母からのしつけは充分でない。1歳9か月から約1年間の保育所での生活て、食事のスキルなど教えてもらうことができたが、その後の不安定な暮らして、充分な積み上げがされていないと考える。 ・社会性（対人関係）の発達の未熟さ：通常、養育者との愛着関係を基盤として、子ども同士の関係や、集団参加が可能になっていくが、B子の場合、その基盤が充分でなく、かつ共同遊びやごっこ遊びが盛んになる3歳ごろは、保育所に通っておらず、対人交流の機会が乏しかったため、社会性の発達の積み上げも乏しかったことが背景にあると考える。
	・心的外傷体験の後遺症
	・浴室を避ける。シャワーにおびえる：保育所でシャワーをかけようとしたときに動けなくなった。母親に尋ねると、自分がいらいらしているときに入浴を拒むと語る。それ以上は語らない。母親との入浴時に恐怖につながる体験があったと推察される。 ・午睡の時間に眠れない：入所して間もない時期ということもあるが、愛着の基盤の弱さによる安心感のもてなさが主要な背景であろう。また目が覚めたときに母親がいないなどの体験があったのかもしれず、安心して眠りに入ることが怖いようにも思う。
	・喪失体験の影響
	・保育士との別れと転居：1歳9か月から通ったE保育所の保育士には甘えを示し、愛着対象てあったと考える。2歳10か月のときの保育士との別れと転居による環境の変化は、B子にとって大きなストレスとなり、喪失による心的負担や寂しさ、安定した場を失った不安は大きかったと考える。 ・継父、継父方祖父母との別れと転居：2歳10か月からかかわった家族との関係がどのようなものであったかは定かでないが、一定の関係構築がなされたとして、その対象との別れによる心的負担は大きいと考える。B子はこうした別れを繰り返し体験している。このことは、今の関係や居場所についても、いずれ失うのではないかという不安を抱かせ、安心の基盤を揺るがしていると考える。
	・学習した不適切な認知、行動
	・不適切な生活習慣への慣れ：食事、オムツの使用など、年齢相応の生活習慣が身についておらず、逆にそうした生活習慣に馴染んでしまっている。

包括的アセスメントについて

総合的な情報の把握

理解、解釈

支援方針と具体的な手立ての検討

ケースの振り返りと評価

	・逆境状況とそれによる不安、恐怖、心的葛藤、悩み
現在の環境上の要因	・継父、継父方祖父母による養育困難：継父および継父方祖父母（2歳10か月から3歳7か月）、母親の友人K（3歳7か月以降）のB子への養育は、B子の状態を考えると、非常に困難なものだったと想像する。そのことがB子に対する不適切な対応に結びつかなかったか懸念がある。
	・対処困難な状況
	保育所 　・集団活動に加われない：皆についていけない。どうしていいのかわからず周囲を遮断して、ひとりの世界に逃げ込んでいるように見える。 　・午睡時の眠りにつけなさ：安心感のなさ、周囲への警戒、眠ることへの恐怖。・シャワーを浴びることのおびえ：入浴にまつわる外傷体験が想起され、パニックが起きたと考える。 家庭 　・母親の精神状態が悪いとき：いらいらしているなど状態が悪いときの、B子の母親に対する恐怖と不安。 　・家に一人残されるとき：不安と恐怖。 　・入浴時：実母と一緒に入浴することへの恐怖。
	・子どもの安全や人権が損なわれている状況。
	・実母の状態が悪いときの子どもへの対応：いらいらしてB子に当たるなど、不適切な対応に進んでしまう懸念がある。

work B1　　　子どもの課題の整理

　解説とA男とB子のケースを参考に、自分が担当するケースの子どもの課題を検討し記載してみましょう

子どもの課題の整理	
生来的・長期的な障害や疾病	・身体的障害、疾病、身体機能
	・知的障害、発達障害など、脳機能の問題
	その他
過去の環境的要因	・心的発達の阻害
	・心的外傷体験の後遺症
	・喪失
	・学習した不適切な認知、行動
	・逆境状況とそれによる不安、恐怖、心的葛藤、悩み
現在の環境上の要因	・対処困難な状況
	・子どもの安全や人権が損なわれている状況

包括的アセスメントについて
....

総合的な
情報の把握
....

理解、
解釈
....

支援方針と具体的な
手立ての検討
....

ケースの振り返りと
評価
....

93

step B2 | 家族の抱えた課題の検討

step 0

I......step A

II......step B

III......step C

IV......step D

　家族の課題を整理する上で、忘れてはならないのは、子どもの支援のために家族支援があるということです。家族に問題があっても、家族に子どもがいなければ、市区町村や社会的養護の児童福祉サービスが関与する根拠が成立しません。この場合は、他の成人対象の機関にゆだねられ、必要な協力を行うことになります。子どもがいる場合、家族がどうあるかは子どもの福祉に大きく影響します。そこで、支援者は家族とともに、子どもの視点にたって家族の課題を整理し、その解決に向けた支援をしていくことになります。次の視点から課題を整理し、支援の手立てにつなげていきます。

① 経済状況

　就労状況、収入、資産、消費の程度、及び金銭管理の能力など、経済的な課題の有無と程度の評価。

② 保護者の課題

　養育者の孤立状況、養育サポートの有無、親の精神的未熟さや養育能力の低さ、誤った養育観、アルコール依存や嗜癖、産後うつなどの精神的問題、人格的偏り、過去の被虐待体験など。

③ 親子関係の課題

　身体的虐待、性的虐待、心理的虐待、遺棄やネグレクトの有無と程度の評価。

　子どもの健全な育ちに有害となるような関係性、例えば、過度な支配、著しい過保護や過干渉、放置、病的な密着などです。これらには、親の側の欲求の満足のために子どもがその関係性に飲み込まれていることが多く、虐待する親の心性のひとつです。

④ 家族機能（基本的な生活の維持機能、子育て機能、安心と癒しの機能）

　家族の機能に関する課題の整理は、次の3つの視点で検討します。

・基本的な生活の維持機能

　生活リズム、睡眠、食事、排泄、入浴、掃除、整理、清潔など、基本的な生活の営みについての課題

・子育て機能

　子どもに求める課題や期待、養育観などについての課題

　子どもへの応答、しつけのあり方などの養育のありかたについての課題

　子どもの発達に応じた玩具、文具、教材の提供などについての環境上の課題

・安心と癒しの機能

　家庭の中が安心でき、心身を休める場となりえているかについての課題

⑤ 家族成員の課題と互いの関係性の課題

　保護者以外の家族成員について、障害や疾病、精神的課題などの課題

親子関係以外の家族成員との関係について、家庭内暴力や関係の希薄さなど夫婦関係、きょうだい、祖父母との関係などにおける課題

⑥　支援環境の課題（親族や知人との関係、地域との関係、支援者との関係）

担当 SW、保健師、保育士、教師、ヘルパーなどの支援者と保護者及びその他の家族との関係性における課題との関係性の課題

家族と親族、知人、職場その他の地域の人々などとの関係性の課題（家族が地域から孤立している、地域とトラブルを繰り返している、転居を繰り返していて地域とつながれない、サポートできる親族がいない、職場で友人がいない、サポート資源が地域にないなど）

家族の課題はいずれか一つの領域に留まらず、以上の課題が複合的に存在しています。またそれぞれの課題が互いに影響を与え合って、全体の機能を低下させているようなメカニズムにある場合がほとんどです（図7）。家族が行き詰まっているメカニズムを検討し、まずどの課題から解決が可能かの見通しを見定めていくことが重要です。

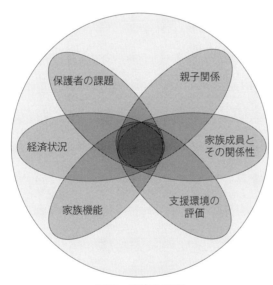

図7　家族の課題

これらの課題を検討するに当たっては、**step A** で扱った票に記載された情報が有益となります。各課題を検討する上で有効となる票と着眼点を次に示します。

① 経済状況
- 「**step A2-1**：ジェノグラムの作成」大家族、多子家族などの同居家族の規模、サポートできる親族など。
- 「**step A2-2**：保護者の状態像の把握」基本的生活習慣、特異な価値観、就労状況・金銭管理、生活の支障となるような趣味や嗜好。
- 「**step A2-3**：家屋の状況や経済状況の把握」必要な家具や物品の有無、収入など。

② 保護者の課題
- 「**step A2-2**：保護者の状態像の把握」健康面、基本的生活習慣、精神・知的側面、行動上の問題、特異な価値観、就労状況・金銭管理、親子関係、他者との関係（親子以外）、嗜好など。
- 「**step A2-4**：24 時間の生活の様子」生活に支障となっている保護者の課題。
- 「**step A4-2**：子どもと保護者の生活歴の把握」保護者の生活史における逆境状況、過去の疾病や問題歴、妊娠、出産時での問題。

③ 親子関係の課題
- 「**step A2-1**：ジェノグラムの作成」親子の血縁関係や年齢など。
- 「**step A2-2**：保護者の状態像の把握」親子関係の様子、親子関係に支障となるような保護者の精神・知的側面、行動上の問題、特異な価値観、趣味や嗜好など。
- 「**step A2-5**：家族関係と家族の価値観や文化」親子関係の様子、子育てに関する価値観。
- 「**step A3**：子どもと保護者の現状認識と願い」親の子どもに対する思い、子どもの親に対する思いなど。
- 「**step A4-1**：生育歴の基本情報の把握」初期の養育環境、周産期からの親子関係。
- 「**step A4-2**：子どもと保護者の生活歴の把握」妊娠、出産時での子どもへの思い、親子関係の経過。

④ 家族機能（基本的な生活の維持機能、子育て機能、安心と癒しの機能）
- 「**step A2-2**：保護者の状態像の把握」基本的生活習慣、生活に支障をきたす身体的課題や精神・知的課題、暴力や支配性など安心・安全をおびやかす行動や価値観など、薬物依存など生活を脅かす嗜好など。
- 「**step A2-3**：家屋の状況や経済状況の把握」必要な家具や物品の有無と使用状況、生活臭、掃除や衛生の状況。
- 「**step A2-4**：24 時間の生活の様子」生活が機能していない場面や状況、できていることとできていないことなど。

⑤ 家族成員の課題と互いの関係性の課題
- 「**step A2-1**：ジェノグラムの作成」家族成員の血縁関係や年齢など。
- 「**step A2-2**：保護者の状態像の把握」家族成員の職業、障害や疾病、健康面、基本的生活習慣、精神・知的側面、行動上の問題、特異な価値観、就労状況・金銭管理、親子関係、他者との関係（親子以外）、趣味、嗜好、特技。
- 「**step A2-5**：家族関係と家族の価値観や文化」家族成員同士で支障となっている関係性。

⑥ 支援環境の課題（親族や知人との関係、地域との関係、支援者との関係）
- 「**step A2-1**：ジェノグラムの作成」家族成員の血縁関係や年齢など。
- 「**step A2-6**：家族と関係のある人や機関（エコマップ）」支援者や支援機関の特徴

と家族との関係。

・「**step A3**：子どもと保護者の現状認識と願い」子どもが求める支援、保護者が求める支援など。

・「**step A4-2**：子どもと保護者の生活歴の把握」子どもを支えてきた人や機関、保護者を支えてきた機関など。

包括的アセスメント
について

総合的な
情報の把握

**理解、
解釈**

支援方針と具体的な
手立ての検討

ケースの振り返りと
評価

家族の課題をまとめるための票です。Ａ男とＢ子の事例の家族の課題をまとめて
みたものです。

Ａ男の家族の課題

家族の課題の整理
経済状況
継父の収入だけではやや苦しい。計画的に金銭管理はできるが月の後半は苦しい
保護者の課題
実母の課題として ・被虐待体験と世代間伝達 ・飲酒
親子関係の課題
・実父に似ているＡ男とそうでない妹とで違う対応（差別的） ・Ａ男に対する支配性と無理な要求 ・暴力を用いる傾向、飲酒により悪化
家族機能の課題
○**基本的な生活の維持機能** ・特に問題はない。 ○**子育て機能** ・支配的で、暴力を用いたしつけ、高圧的で高すぎる要求 ○**安心と癒しの機能** ・安心感、安全感のなさ：母親の支配性や暴力性によって家の中に安心感や安全感がない。
家族成員とそれぞれの関係
・支配的な実母のＡ男に対する否定的な思いが強いため、家族の中でＡ男だけ、非難され、邪険にされる傾向がある。
支援環境の評価
・実母は、児童相談所に対して苦手意識があるが、児童養護施設のFSWや保育所の担当保育師とは普通にやり取りができている。 ・継父は、会社以外とは希薄な関係である。しかし対立関係にあるなどマイナスの関係はない。今後関係を深めていくことは可能であり、Ａ男の養育への協力者として重要な役割を担ってもらえる可能性がある。

B子の家族の課題

家族の課題の整理

経済状況

生活保護を受給している。
就労には、精神状態の回復が必要。

保護者の課題

うつ病、不眠症　精神科クリニックに通って服薬している。

親子関係の課題

希薄。B子とのやり取りは少ない。

家族機能の課題

○基本的な生活の維持機能
掃除と食事が充分にできない。
洗濯はきちんとできる。

○子育て機能
子どもの情緒的要求に応えられない。
保育所には連れていけている。

○安心と癒しの機能
実母の精神状態が思わしくなくいらいらしているときは、家の中が不穏な空気になり、B子にもそれが伝わり、不安にさせていると思われる。

家族成員とそれぞれの関係

親子以外に同居家族はいない

支援環境の評価

○家族と親族や知人、地域の個人や機関との関係性の評価
・友人Kを多くのことで頼りにしている。Kは独身で、とても面倒見が良い方のようである。

○保護者と支援者との関係性
・児童相談所に対しては拒否的だが、保育所の所長に対しては話ができる。
・クリニックは実母にとってとても重要で頼りにしている。主治医との関係もよく、受診は継続している。
・市の担当職員とはまだ数回会っただけだが、拒否しているわけではないので、今後継続してかかわることが必要と考える。

包括的アセスメント
について

総合的な
情報の把握

**理解、
解釈**

支援方針と具体的な
手立ての検討

ケースの振り返りと
評価

work B2	家族の抱えた課題の整理

step 0

I......step A

II......step B

III......step C

IV......step D

A男とB子の「家族の課題の整理」を参考に担当するケースの家族の課題を、以下の票に記載しましょう。

家族の課題の整理
経済状況
保護者の課題
親子関係の課題
家族機能の課題
・基本的な生活の維持機能
・子育て機能
・安心と癒しの機能
家族成員とそれぞれの関係
支援環境の評価
・家族と親族や知人、地域の個人や機関との関係性の評価
・保護者と支援者との関係性

● 100

step B3 | 「当事者の力」の検討と整理

　子どもと家族は様々な課題を抱えている一方で、健康的な側面、健全に機能している力、秀でた知識や技術、潜在している能力や魅力、困難な人生を生きてきた力など、多くの肯定的な力を持っています。こうした「当事者の力」に注目することは、子どもと家族との良好な支援関係の構築、子どもと家族の回復に向けた支援、今後の人生を切り開く力の構築などにとって大きな強みとなり得ます。

　ここでは、子どもと家族それぞれについての力を検討します。

① 子どもの力

　子どもが持っている特技、魅力、資質、健康的な趣味、人とつながる力、これまで困難な中を乗り越えてきた力などです。これらは、これからを生きる上での力となり、回復と健康な育ちの促進に向けた力となります。

　子どもと日々の生活を共にするからこそ見えてくる力はたくさんあります。保育士や教師など、日々子どもと密接にかかわる支援者と共に検討することは有益です。

② 家族の力

　子どもと同様に、保護者の持っている能力、魅力、技術などです。これまで困難な中を乗り越えてきた力、子どもの育ちに貢献できる様々な力です。

　家族成員の長所、よき資質、特技、健康的な趣味、健康的な価値観、基本的な生活機能、子育て、家庭内の安心など、良好に機能している側面、子どもへの肯定的な気持ち、親子の絆、家族関係の絆があること、支援を求める力などを検討します。

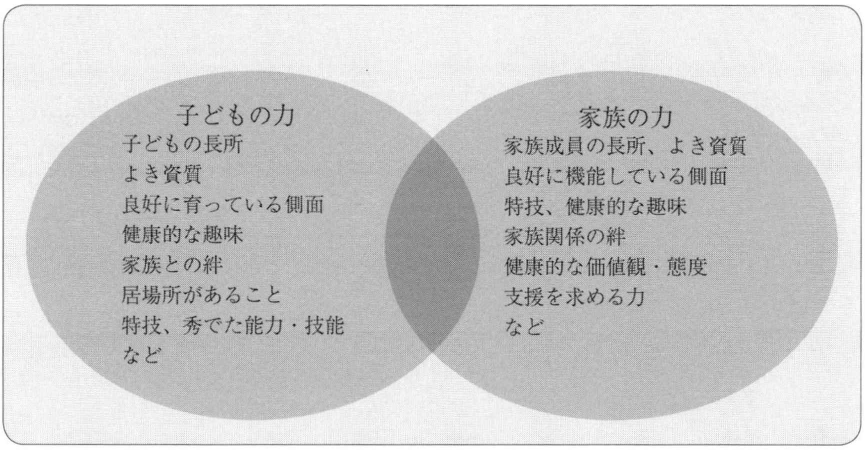

図8　当事者の力

　これらの課題を検討するに当たっても、**step A**（一部 **step D1**、**step D6**）で扱った票に記載された情報が有益となります。各課題を検討する上で有効となる票と着眼点を次に示します。

① 子どもの力

○「step A1：子どもの状態像の把握」健康的な、あるいは秀でた身体的側面、心理的側面、社会的側面、趣味、特技、能力など。

例として

・笑顔が魅力で、人懐っこく誰からもかわいがられる。

・学力は低いが絵を描くことが好きで、風景の写実は級友が一目おいている。

・こつこつと取り組む粘り強さがある。

○「step A2-4：24 時間の生活の様子」子どもが安心している、主体的でのびのびと遊んでいる、穏やかで落ち着いているなどの場面や状況。

例として

・サッカーチームに所属していて、そこでは生き生きとしている。

・工作をしているときはとても落ち着いている。

・母親の精神的な状態が落ちていて、食事を作れないとき、自分で簡単な食事を作ることができる。

・何があっても必ず登校する。

○「step A3：子どもと保護者の現状認識と願い」子どもの健康的な現実認識、支援の動機、健康的な願いなど。

例として

・高校に進学して保育士になることが夢。

・喧嘩ばかりしてしまう自分を何とかしたいと思っている。

○「step A4-1：生育歴の基本情報の把握」健康的な発育、健康的な養育。

・母子手帳が残っており、自分の成長がきちんと記載されている。

・発育が良好だった。

・病気で入院したとき、看病してくれて病気が治った。

○「step A4-2：子どもと保護者の生活歴」子どもの育ちを支えた様々な要件や出来事。

・ネグレクトの家庭で育ったが、保育所で保育士にとてもかわいがられた。

・虐待をした父親だったが、一緒に旅行に行ったときは、とても楽しくてよい思い出になっている。

・実母は妊娠をとても喜び、出産したときはとても幸せだったという。

・離婚して、転居、転校したときはとてもつらかったが、良い友達ができて、学校生活が楽しくなるように支えてくれた。

○「step A5：心理所見および医学的所見」発達検査等の心理検査所見で評価された強み。

・記憶力は特に優れている。

・細部を細かく見る力がある。

○「step D1：支援経過をまとめる」子どもの育ちを支えた様々な要件や出来事。

・乳児院でとてもかわいがられた。その写真が残っている。

・小学校時代、絵画で表彰されたメダルを大切に持っている。

・施設入所になったが、親は面会だけには継続して来てくれた。

○「step D6：子どもの年表づくり」子どもの育ちを支えた様々な要件や出来事 　。

② 家族の力
○「step A2-2：保護者の状態像の把握」健康的な、あるいは秀でた身体的側面、心理的側面、社会的側面、趣味、特技、能力。子どもの育ちに必要あるいは役に立つ要件（健康的な生活スキル、就労状況、金銭管理、特技、趣味、嗜好）。
例として
・食事は作らないが、掃除はきちんとする。
・困ったときは、保育所に必ず相談に来る。
・仕事を継続している。職場ではしっかり者で通っている。
○「step A2-3：家屋の状況や経済状況の把握」大切にしている家具やもの、居場所、生活の支えとなる経済状況。
例として
・子どもの居場所がある。
・親が頭にきて、子どもにあたりそうになったとき、頭を冷やし冷静になれる部屋がある。
・近所に頼れる友人がいる。
○「step A2-4：24時間の生活の様子」機能している時間帯や状況、家族が安心でき、穏やかに過ごせる時間帯や状況、家族がのびのびと活動できている時間帯や状況など。
例として
・食事は家族で食べて、会話がある。
・家族でテレビを見ていて、毎日1回は大笑いをする。
・早寝早起き。
・お風呂をゆっくり入れる。
・絵本を読んでもらえる。
○「step A2-5：家族関係と家族の価値観や文化」良好な親子関係の様子、子育てにプラスとなる考え方や価値観。
例として
・月に1回家族旅行をする。家族旅行では、家族が仲良く過ごせる。
・健康であることが一番大切と考えている。
・すぐに喧嘩になるが、必ず謝って、関係の修復に努めようとする。
○「step A3：子どもと保護者の現状認識と願い」親の子どもに対するプラスの評価、子どもの将来への願いなど。
例として
・子どもをたたいてしまうことが多かったが、かわいいし、良い子だと思っており、将来は幸せになってほしいと願っている。
・子どもを社会に出して恥ずかしくないようにきちんとしつけたいと思っている。
○「step A4-2：子どもと保護者の生活歴の把握」保護者を支えてきた要件や状況、健康な育ち、よき体験、妊娠、出産時でのサポートなど。
例として

包括的アセスメント
について
・・・・・・・・・・・・・・・・・・・・

総合的な
情報の把握
・・・・・・・・・・・・・・・・・・・・

理解、
解釈
・・・・・・・・・・・・・・・・・・・・

支援方針と具体的な
手立ての検討
・・・・・・・・・・・・・・・・・・・・

ケースの振り返りと
評価
・・・・・・・・・・・・・・・・・・・・

・妊娠後実父と別れたが、自分の子どもとして産もうと決意した。
・家出したが、心配した父親が送金してくれた。
・親に反抗ばかりしたが、自分の仕事を応援してくれた。
・よい先生に出会えて励ましてくれた。

　以下の票は、A男とB子のケースの「当事者の力」について、子どもの力と家族の力に分けて整理したものです。

A男のケースの「当事者の力」

	「当事者の力」の検討と整理
子どもの力	・工作が好きで、手先が器用。工作をしているときは落ち着いて集中する。 ・オセロが強い。 ・職員と2人だけで入浴しているときは落ち着いている。 ・トラブルが起きたときは、別室で職員といれば落ち着ける。 ・「喧嘩は嫌だ」「皆と仲良くしたい」と思っている。 ・夜は誰かがそばにいてほしいと、大人に頼れる。 ・食事があるからいいなどと、施設生活に対して肯定的に受け止めている。 ・「母親は優しいときもある」と母親のよさを認めている。
家族の力	母親の力 ・幼少期から、数々の逆境状況（離婚、虐待、いじめなど）を乗り越えてきたところ。 ・片付けや食事ができ、金銭管理ができる。 ・まじめて頑張ろうとするところ（それで疲れてしまうが）。 ・他人に対して、気を遣える（それで疲れてしまうが）。 ・A男のことを心配し、将来を願っているところ。 継父 ・まじめに働き、近所づきあいもいい。 ・家事も手伝える。 ・A男と遊んでくれる。 妹 ・健康に育っており、保育所で適応できている。 家族全体として ・継父が気を使っているが、夫婦の関係は良好。

B子のケースの「当事者の力」

	「当事者の力」の検討と整理
子どもの力	・保育所に通えて、過ごすことができる ・よく食べる。 ・基本的生活習慣について、教えれば身につけていける手ごたえがあるところ。 ・担当保育士を求めている。 ・絵を描くことなど、集中して遊べるところ。 ・他の子どもの迷惑になるようなことはしない。
家族の力	母親の力 ・B子を大切にしなければいけないという思いがある。 ・保育所を利用することに肯定的て、毎日B子を連れて行っている。 ・洗濯ができ、身なりを整えることができる。 ・友人（K）がいる。 ・精神科クリニックを信頼し、通えている。

work B3	「当事者の力」の検討と整理

　自分の担当するケースや模擬事例などについて「当事者の力」を検討し、記載してみましょう。その際、見出された力が今後どのようにケースの展開に貢献するかの見通しも検討し、記載します。「当事者の力」の整理は、個人で行うだけでなく、かかわる支援者が複数で検討すると有益です。

	「当事者の力」の検討と整理
子どもの力	
家族の力	

包括的アセスメント
について
....

総合的な
情報の把握
....

理解、
解釈
....

支援方針と具体的な
手立ての検討
....

ケースの振り返りと
評価
....

step B4 ｜「既にある支援」の評価と整理

「ケースの力」の検討のもうひとつは「既にある支援」を検討することです。家族との良好な支援関係の構築や、子どもと家族の支援の協力者となるなど、子どもと家族を支える大きな力となります。

「既にある支援」の検討内容としては以下の視点で検討することが有効です。

① 子どもへの支援

・信頼できる支援者の存在：生活を支えてくれている、安心して頼れる、相談できるなどの存在で、親族、友人、知人、保育士や教諭、里親、施設の職員などの人物からペット、玩具、自身の作品、お守りなどが重要となります。

・居場所があること：生活が保障されている場、安心して過ごせる場、主体的に遊べる場、肯定的に評価されている場、活躍できている場などで、保育所、学校、部活動、学童保育、集いの場、施設、地域のクラブなどです。

・地域の子育て支援サービス：子どものニーズに応じた支援サービスの内容で、学習支援、トワイライト、養育支援訪問サービス、食事サービス、就学援助、など公的・私的サービスの有無とその内容です。

・子どもの抱えた心身の課題の回復などの支援：保健医療機関、相談機関などへの継続的受診などがあげられます。

② 保護者や家族への支援

・信頼できる支援者の存在：生活を支えてくれている、安心して頼れる、相談できるなどの存在で、親族、友人、知人、保育士や教諭、医師、保健師、相談員、民生委員、主任児童委員、ヘルパーなどの人物からペットなどがあげられます。

・居場所があること：安心して過ごせる場、肯定的に評価されている場、活躍できている場などで、職場、仲良しグループ、保育所や学校での集い、子育て支援拠点や集いの広場、民間の子育てサークル、デイサービス、地域のサークルなどです。

・地域の子育て支援サービス：子どものニーズに応じた支援サービスの内容で、経済的支援、養育支援訪問サービス、ショートステイ、子育てサークル、就労支援などです。

・保護者や家族の心身の課題の回復などの支援：医療機関、相談機関などへの受診や相談などがあげられます。

これらの課題を検討するに当たっても、**step A** で扱った票に記載された情報が有益となります。各課題を検討する上で有効となる票と着眼点を次に示します。

① 子どもへの支援

・「**step A1**：子どもの状態像の把握」健康的な、あるいは秀でた身体的側面、心理的側面、社会的側面、趣味、特技、能力など。

・「**step A2-3：家屋の状況や経済状況の把握**」子どもが大切にしている家具やもの、居場所など。

・「**step A2-6：家族と関係のある人や機関（エコマップ）**」子どもの支援者や機関の把握。

・「**step A2-4：24 時間の生活の様子**」子どもが安心している、主体的でのびのびと遊んでいる、穏やかで落ち着いているなどの場や状況。

・「**step A4-2：子どもと保護者の生活歴の把握**」子どもの育ちを支えていた人や居場所、ペットやものなど。

・「**step D1：支援経過をまとめる**」子どもの育ちを支えた人、居場所、ものなど。

・「**step D6-1：子どもの年表づくり**」子どもの育ちを支えた人、居場所、ものなど。

② 保護者や家族への支援

・「**step A2-2：保護者の状態像の把握**」趣味、特技などが生かせる場の把握。

・「**step A2-3：家屋の状況や経済状況の把握**」保護者が大切にしている家具やもの、居場所など。

・「**step A2-4：24 時間の生活の様子**」機能している時間帯や状況、家族が安心でき、穏やかに過ごせる時間帯や状況、家族がのびのびと活動できている時間帯や状況など。

・「**step A2-6：家族と関係のある人や機関（エコマップ）**」保護者や家族への支援者や機関の把握。

・「**step A4-2：子どもと保護者の生活歴の把握**」保護者を支えていた人や居場所、ペットやものなど。

　下の表は、A 男と B 子のケースについて「既にある有効な支援」を検討し、整理したものです。

A 男のケースの「既にある支援」

	既にある有効な支援
子どもへの支援	・児童養護施設の担当職員をはじめとした男性職員とは、入浴時などで落ち着いて話がてき、関係が築かれつつある。 ・過去に通っていた保育所の担任とは、良い関係が築かれていた。 ・継父とは、キャッチボールをするなどしており、肯定的な対象である。 ・学校には通えている。学級担任と施設とて、A 男について互いの情報を共有し、話し合う体制ができている。
保護者や家族への支援	実母 ・妹の通う保育所の所長にはよく話を聴いてもらっており、頼りにしている。 ・児童養護施設の FSW とは、A 男のことて話がてき、A 男の養育の協力関係が築かれつつある。 ・児童相談所に対しては良いイメージを抱いていないが、指導には従おうとする。 継父 ・主任児童委員が家族を心配し、頻繁に訪問している。継父はそれを受け入れ、会えば話をする。

包括的アセスメントについて

総合的な情報の把握

理解、解釈

支援方針と具体的な手立ての検討

ケースの振り返りと評価

B 子のケースの「既にある支援」

	既にある有効な支援
子どもへの支援	・保育所に通えて、担当保育士に甘え、頼っている。 ・友人 K に対してもなついているという。
保護者や家族への支援	・実母は保育所の所長を信頼し、所長の言うことはよく聞く。 ・精神科クリニックに通っている。医師を信頼している。 ・生活保護を受給している。担当者との関係は薄い。 ・友人 K に育児や自分のことを相談し、協力を得ている。

work B4	「既にある支援」の評価と整理

A男とB子のケースを参考に、自分の担当するケースの「既にある支援」について検討し、記載してみましょう。

包括的アセスメント
について
....

総合的な
情報の把握
....

**理解、
解釈**
....

支援方針と具体的な
手立ての検討
....

ケースの振り返りと
評価
....

	既にある有効な支援
子どもへの支援	
保護者や家族への支援	

III step C 支援方針と具体的な手立ての検討

step C では支援方針の設定と支援の具体的な手立てについて検討します。

1．3種の支援方針

支援方針は次の3種類に分けて検討すると効果的です。

> ① すべてのケースに共通する方針α
> ② ケースの課題を解決するための方針β
> ③ ケースの力をさらに充実強化させるための方針γ

2．すべてのケースに共通する方針α

どのようなケースにおいても、共通して設定する必要がある方針です。ここでは方針α（図9）とします。方針αは、以下の2つの視点から検討します。

（1）子ども及び保護者と支援者との関係構築

子どもと保護者に対して、支援者と良好な関係を構築することは、あらゆるケースにおいて基盤となるものです。そのための方法を検討し実効性のある手立てを見出すことは、支援の最初の段階で最も重要となる取り組みとなります。

虐待ケースなどの場合では、子どもの安全確保のために家庭に介入し、必要ならば緊急保護を行う場合もあり得ます。こうした初期対応の結果、支援者と保護者とが対立関係に陥ることが少なくありません。しかしその後の支援を展開するためには、関係の構築が必須となります。その場合、同じ支援者が関係の改善に努めるか、別の支援者が関係構築をはかるか、さらには別の機関の支援者が関係を構築し、その関係を支えていくなどが考えられます。当該ケースにとってどの方法が効果的で、今後の支援の展開に有効か、チームによる支援を基本に広い視野で検討します。

（2）子ども及び保護者の居場所づくり

すべての子どもにとって、子どもが生活する場が安全で安心できる場でなくてはなりません。そこでは、子どもはのびのびと主体的に活動でき、信頼して頼れる大人の存在が不可欠です。

家族にとっては、住環境や住む地域が安心して暮らせる場となっていることが第1です。保護者には、相談して頼れる場が必要です。こうした地域の中の居場所づくり、必要な支援サービスが届けられる身近な地域の支援ネットワークづくりが必要となります。

3. ケースによって異なる方針βと方針γ

次に step B1 と B2 で検討、整理した子どもと家族の抱えた課題について、その改善に向けた方針を設定します。この方針をここでは、方針βと呼びます（図9）。

最後は、step B3 と B4 で検討、整理した「ケースの力」を充実、強化するための方針を設定します。この方針を、ここでは方針γと呼びます（図9）。

ケースによって抱えた課題や強みは異なるので、方針βと方針γは固有の課題や強みに対応した個別的な内容となります。課題の改善ばかりに目が向きがちですが、「ケースの力」を強化、充実させる視点は重要です。ケースの力に注目することは、子どもや家族を肯定的に評価することであり、支援関係の構築や強化を後押しし、対立関係を改善する力にもなりえます。課題解決を急ぐばかりではなく、こうした視点を大切にしましょう。

当然ですが、これらの方針を設定するためには、ケースの抱えた課題や力の検討が前提の作業となります。この検討がないままに方針を示したとしたら、場当たり的で中身のないものとなってしまいます。逆に課題とケースの力の検討、整理がしっかりされていれば、おのずと方針は定まってきます。さらには何故その方針を設定したかの理由や意味も説明できるはずです。方針の根拠を、説明できることは、子どもや家族が納得して支援を受け入れること、及び関係機関が納得して支援の協力を行う根拠となるのです。

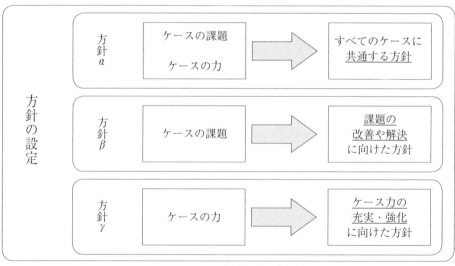

図9 3つの方針設定の考え方

4. 子どもと家族への具体的な手立て（メニュー）の検討

支援方針は、抽象的な内容を設定するだけでは展開しません。向かおうとしている目的は理解できても、支援者が具体的に何をするのかがわからないからです。そこで3つの方針に対して、実効性のある具体的な手立て（メニュー）を可能な限り設定します（図10）。

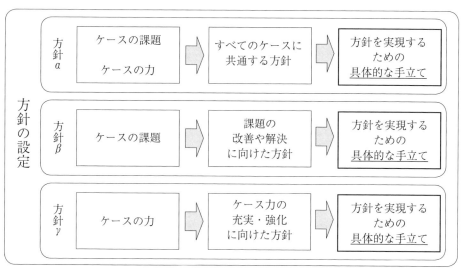

図10　支援の手立ての設定

包括的アセスメントについて

総合的な情報の把握

理解、解釈

支援方針と具体的な手立ての検討

ケースの振り返りと評価

5. 具体的な支援の役割分担

　支援が展開するためには、誰がその支援メニューを担うのかの役割分担が必要です。誰か任せでは、支援は何も動かず、事態の悪化をながめているだけになりかねません。役割分担は、大きく自分の所属する機関内での役割分担と、他機関との役割分担にわかれます。支援の拠点となる機関（市区町村、児童相談所、児童福祉施設など）では、機関内でのケースマネジメント力と他機関協働に働きかけるソーシャルワークの力が求められます。

　外部の機関は様々です（図11）。自分の地域のどこにどのような機関があり、どのようなサービスを行なっているかを把握し、当該ケースへの支援にとって必要な機関に働きかけることです。中心的な機関としては、在宅支援であれば、児童相談所と市区町村の児童家庭相談担当部門が、社会的養護であれば、児童相談所と児童福祉施設が中心となって、学校、保育所や幼稚園、保健機関、福祉事務所、医療機関、警察、民生委員や主任児童委員などが、連携・協働して支援チームを組むことです。

　さらに可能であれば、子どもと家族が支援チームの検討の場に参加し、自分の気持ちや意見を述べて、支援メニューを一緒に検討することです。こうした当事者参画は、権利擁護の基本であり、かつ当事者のモチベーションを高め、支援の実効性を上げる効果的な取り組みでもあります。

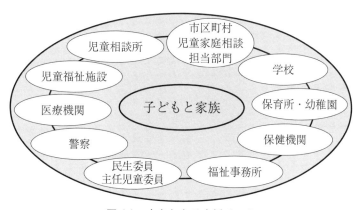

図11　中心となる支援チーム

113

step Cの構成

step 0

I......step A

II......step B

III......step C

IV......step D

ここでは、子どもに対する方針と手立て、家族に対する方針と手立て、子どもと家族のそれぞれに対する支援について検討します。

> **step C1　子どもの支援方針と具体的な手立て**
>
> **step C2　家族の支援方針と具体的な手立て**
>
> **step C3　子どもと家族の支援の役割分担**

step C1 ｜ 子どもの支援方針と具体的な手立て

step B1 で検討された子どもの課題について step C1 ではそれを解決するための方針を設定し、その実現に向けた具体的な手立て（メニュー）を検討します。3種の方針ごとに具体的な手立てを検討することになります。在宅支援では、家庭の次に長い時間を過ごす保育所や学校など、社会的養護においては、施設職員や里親など、日々身近で濃密にかかわる支援者の取り組みが重要となります。市町村や児童相談所などの支援拠点となる機関は、こうした生活を担う支援者と一緒に検討を行うことを基本としましょう。支援には必ず困難が伴います。なかなか改善されない状況に、日々かかわる支援者は、焦りや不安から、子どもへの否定的な思いを抱くこともあります。専門機関や専門職が相談にのるなどして、支援者自身も支援されることが重要です。ひとりや一機関で抱え込まない、込ませないことが原則です。なお、こうした方針や手立てを検討するときに、精神科医や心理職などの心の専門家に相談して対応のアドバイスを得ることは有益です。

1.　方針α（すべてのケースに共通）

（1）子どもとの関係構築

在宅支援では、保育所や学校での保育士や教諭など、社会的養護においては、施設職員や里親などとの関係の構築が重要となります。子どもとの良好な関係を築き、維持するためには、以下のような視点が重要となります。

ア）安定した生活を送るために、まず行う手立て

子どもが課題を抱えている場合、保育所や学校、あるいは施設や里親宅での生活に適応できず、支援者との関係もこじれてしまう場合があります。そうならないように、子どもの抱えた課題を理解し（step B1 での検討を踏まえ）、日々の生活が安定するよう目指します。日常的な子どもへの声かけ、健康管理、基本的な生活の保障と丁寧な行

● 114

動観察、新たな生活に馴染んでいけるようなスモールステップの日課の設定、定期的な面接の設定、その他安心して過ごせるためのあらゆる手立てを検討します。

イ）生理的、情緒的要求に応じる一貫性、安定性

「おなかがすいた」「怖いからそばにいて」など、子どもは様々な欲求や願いをもっています。しかしこれまで自分の欲求や願いを養育者に求められなかった、求めてもなかなか応じてもらえなかった子どもたちが少なくありません。そのため新たに出会う支援者にも、求めることを諦めているような子どももいます。ですから、子どもが支援者に何かを求めたとき、その行為自体を承認し、評価することが重要です。保育所や学校での保育士や教諭、施設直員や里親などがそういう存在になれるよう、ケースカンファレンスを行うなどして、そのための対応を検討していきます。

ウ）子どもの体験に寄り添い、共感し、その場を共有する

子どもが安心している、のびのびと活動している、良い表情で遊んでいるなど、肯定的な場面を見出し、その場を共有できたら、そこは関係構築の道が拓かれる重要な場となり得ます。子どもに寄り添い、共感し、言葉を添えるなどの働きかけが意味を持ちます。家庭内では家族と共に、保育所や学校は保育士や教諭と共に、施設や里親宅では養育者と共に、こうしたかかわりの場を見出していくことです。

エ）基本的生活の是非についてわかりやすく伝える。健康的な生活者としてのモデルとなる

不適切な環境で過ごしてきた子どもは、保育所や学校の生活に戸惑ったり、息苦しく感じたりします。施設や里親宅での生活も同様です。それまでの生活環境と大きく異なるからです。こうした事情を理解した上で、生活の決まりやルール、善悪の判断などをわかりやすく、丁寧に伝えていくことが重要となります。できないからと叱りつけても、叱られている意味さえわからない子どももおり、むしろ逆効果となってしまいます。できないことを手助けしてあげながら、ゆっくりとその環境に慣れ、適応できるスモールステップの目標を設定して、導くことです。皆と同じようにできたことを評価し、共に喜ぶ姿勢が重要です。

オ）良き資質を認め、肯定的メッセージを伝える

「子どもの状態像の把握」（step A1）で把握した肯定的な側面を、言葉や態度にして子どもに返していくことです。またそうした側面に光が当たるよう場面を工夫することです。自分を肯定的に見つめる支援者を子どもは求めています。子どもとの関係を構築する上でも、子どもの自己評価の向上のためにも重要な検討となります。

（2）安心できる居場所づくり

保育所や学校などで子どもが安心して過ごせるような場の設定、定期的に話をするなどすぐに相談できるような場面づくり、子どもの趣味や特技が生かせるような場の設定などです。安心して主体的に活動できる場があることは、子どもの回復と育ちを

包括的アセスメント
について

総合的な
情報の把握

理解、
解釈

**支援方針と具体的な
手立ての検討**

ケースの振り返りと
評価

支える重要な要件となります。

「子どもの状態像の把握」（**step A1**）や「24時間の生活の様子」（**step A2-4**）などを活用し、子どもの趣味や特技など、子どもがのびのびと、楽しんで取り組んでいる取り組みや場面、時間帯などを見出し、子どもにとっての重要な場として大切に育むことです。

2．方針βとその手立て（子どもの課題への手立て）

step B1 で検討された課題について、その回復に向けた具体的な手立てを検討します。

（1）長期的な障害や疾病への対応

ア）身体的障害、疾病、身体機能の問題への対応

身体的障害、疾病などはすぐには改善されません。それを受け止め、家庭生活や保育所、学校生活が支障なく送れるよう、支えていくことが方針となり、そのために必要な配慮や対応が、具体的な手立てとなります。

まず **step B** で把握された障害や疾病などへの必要な配慮や手立てについて、医療機関などの専門機関から指示、助言を得て、環境調整や対応のあり方を検討するのが基本です。さらに「24時間の生活の様子」（**step A2-4**）を活用するなどして、生活に支障が起きている場面を抽出し、そこにどう対応するかを検討します。家庭内では家族と共に、保育所や学校は保育士や教諭と共に、施設や里親宅では養育者と共にこうした検討を行います。

生活の中での身体的ケアは、乳幼児期からの養育の基本です。保育所や学校場面などでの身体的ケアは、支援者と子どもとの良好な関係構築、自分を大切にできる心の育ちなど、心の回復に向けた重要な働きかけとなり得ます。子どもが受けいれ、大切にされたという実感につながるよう、子どもに適した身体的ケアのあり方を検討します。その際、これまでにかかわってきた機関や支援者がどのような対応をしてきたか（「子どもと保護者の生活歴の把握」（**step A4-2**））が把握されていれば、どのような対応が有効であったかなど、手立てを検討する上で参考になります。子どもの身体機能や感覚などに通じた専門職（理学療法士など）のアドバイスを受けることも有益です。

イ）知的障害、発達障害などへの対応

日常の生活において、どのような機能にどの程度の問題が生じているのかを詳細に検討することが重要です。

「24時間の生活の様子」（**step A2-4**）を活用するなどして、生活の中で支障となる場面を抽出し、生活しやすくなるよう具体的な手立てを検討します。家庭内では家族と共に、保育所や学校は保育士や教諭と共に、施設や里親宅では養育者と共にこうした検討を行うことが重要です。

その上で専門機関に相談し、発達の評価や療育プログラムの参加などを検討します。さらに子どもに必要な地域の支援サービスを利用します。その際、子どもと保護者の現状認識や願いを踏まえることが重要です。支援者だけで一方的に方針を投げかけて

はいけません。

（2）過去の環境的要因

ア）初期の心的発達の阻害からの回復に向けた手立て

　不適切な養育環境が子どもの発達に悪影響となるのと同じように、その回復についても子どもの生活環境が大きな役割を担います。安心安全な環境の設定、日々かかわる支援者との関係の構築、治療教育的アプローチなどを具体的に設定することになります。

a）基本的信頼感の獲得と愛着形成

　初期の心的発達の回復のためには、家庭生活以外に長い時間を共にする保育所や学校の保育士や教諭との愛着形成、施設職員や里親との愛着形成が重要なポイントとなります。「すべての子どもに共通する方針α」で、日常生活において安心を感じる場面を増やし、不安や恐怖に繋がる場面を減らすなどして、生活全体が安心できる場になることが重要と説明しました。安心感は初期の心的発達を育む上で中核となるものです。しかし愛着形成が充分でないなど、初期の心的発達に課題を抱ええている子どもは、不安や恐怖心のほうが圧倒的に強いために、安心できる環境を破壊しがちで、支援者を困らせることの方がずっと多く、支援者の心に子どもへの否定的な感情も生じがちです。困難に直面している支援者を支え、そうした感情を受け止め、和らげ修正される必要があります。機関内の他の支援者、さらに専門機関などの関係機関が集まって皆で対応を検討することです。

　「24時間の生活の様子」（**step A2-4**）の票を活用し、恐怖、不安、混乱に繋がるような場面や状況を、より丁寧に観察（休み時間などの時間帯、特定の授業や課題に向き合ったとき、突然の予定の変更、子どもだけになったときなど）し、そうした場面を回避できるよう、あるいはそばに寄り添うなどして不安が低減できるよう働きかけます。一方で、同じ票を活用し、一日の中で穏やかで落ち着いて過ごせる場面、主体的でのびのび取り組めている活動など、肯定的な場面を把握します。そうした場面は、課題を抱えた子どもにとっては極めて重要な場面となります。その活動に、侵入的にならず寄り添い、体験を共有することは、愛着関係構築の萌芽となる重要な取り組みとなります。

　また、不安や恐怖を感じたときに助けを求めに来るなど、養育者に少しでも信頼を抱き、頼りにできた場面を大切にすることです。こうした場面は愛着形成を取り戻す子どもからの試みとみて、大切に受け止めることです。その行動を肯定し、頼れてよかったと子どもが感じ取れるような対応が重要です。

　支援者との関係性を促進する治療教育的プログラムの活用も考えられます。プログラムが本当に当該の子どもに適したものかを慎重に見極め、専門職とも協議の上で進めることが必要です。

　実親に対して、親子の愛着形成に向けた取り組みも重要となります。これについては家族への支援と手立て（**step C2**）で扱います。

b）しつけと自律性

　年齢相応の生活スキルを身につけていけるような働きかけが必要ですが、まずは、

包括的アセスメント
について
……………………

総合的な
情報の把握
……………………

理解、
解釈
……………………

**支援方針と具体的な
手立ての検討**
……………………

ケースの振り返りと
評価
……………………

支援者との関係の構築が前提となります。その上で、「24 時間の生活の様子」（**step A2-4**）を用いるなどして何ができて何ができないかの把握と、何から習得していくことが子どもにとって有益で効果的かの検討が必要となります。

できないことに対して、子どもがどう思っているか、どうしたいかを把握し（「子どもと保護者の現状認識と願い」（**step A3**））。できるところからスモールステップで計画を立てて、足りないスキルの獲得を目指します。できたことは大いに評価し、褒められる体験を積めるような支援計画であることが重要です。家族とも共有し、家庭でも行なえるような工夫も必要です。これについては家族の支援で改めて扱います。

また感情や情緒のコントロールの力に関しては、どのような場面で情緒が混乱するのかを把握します。怒りが激しく、情緒が混乱したときには、その場から離れ、静かな場所で混乱を鎮められるよう促します（こうした対応について、子どもにあったやり方を検討します。試行錯誤しながら良い手立てが見つかる場合がほとんどです）。子どもが落ちついているときに、子どもと一緒に考えて、手立てを工夫していきます。根気のいる支援ですが、こうした話し合いを行うだけでも意味があります。自分のことを大切に考えてくれているという実感につながるからです。一方的で強い叱責は、その場は収まっても、回復に向けた効果はありません。むしろ虐待を行なった養育者と同一視して、不信や恐怖心を強めてしまいます。

イ）心的外傷体験の後遺症からの回復の手立て

心的外傷体験の後遺症の可能性が疑われる場合、生活の全てを通して PTSD 症状の有無とどのような症状として表れているかを把握することです。心的外傷体験を想起させる場面では、その不安や恐怖から解離症状やフラッシュバックが生じる可能性があります。

「24 時間の生活の様子」（**step A2-4**）を活用するなどして、PTSD と思われる症状が生じている時間帯とそのときの状況や症状を誘発する刺激を特定していきます。それらを踏まえて、そうした状況を回避する、あるいは刺激の排除やそれを和らげるような対応を検討します。トラウマの専門的治療も視野に入れますが、治療を行うためには、日常生活で生じている症状への対応を充分に行い、日々の生活が安全で安心感を抱けるようになっていることが前提です。

トラウマ治療については、専門家に相談することが必要です。曝露療法などのトラウマ治療につなげていくべきかの判断も含めて相談することです。また保護者が子どもの PTSD 症状をどう認識しているかを把握することも重要です。中には PTSD 症状に理解のない保護者もいます。丁寧な説明を保護者にすることで、家庭内で起きた過去の心的外傷体験と子どもの症状との関係が明確になることもあります。

ウ）喪失体験への対応

重要な人やものとの別れ、居場所の変更、打ち込んできた活動ができなくなったことなど喪失に伴う悲しみや怒り、無念さなどへの対応を検討します。喪失の後遺症を和らげるために、それまで自分を支えてきた人、もの、活動などを把握し、それらを失わないよう、また活動が継続できるよう具体的な手立てを検討することです。

以下の視点から手立てを検討します。

・重要な人との関係の再構築

　過去に自分を支えてくれた重要な人との関係の継続、あるいは再び関係を構築するための手立てを検討します。電話、手紙、メール、誕生日などでの祝いの言葉、過去にかわいがってくれた乳児院の職員に会いに行くなどです。こうした機会が、かえってつらい再会にならないように、事前に連絡をとって、打ち合わせをしておく必要があります。

・支えとなっていた活動の継続

　自分が夢中になって取り組んだ活動、自分の支えだった活動などを継続あるいは再開できるような手立てを検討します。転居や転校、施設入所などを機に、そうした活動を止めざるを得なく、あきらめてしまっている子どもはたくさんいます。こうした活動は子どもの財産です。失わせてはなりません。もちろん子どもの意向を尋ね、その奥にある気持ちに配慮（中学生くらいになると「どうでもいい」などといいがちですが、本音は別な場合が多いでしょう）しながら手立てを考えます。

・子どもの人生史を共有する

　子どものこれまでの良い思い出などを共有し、これまでの人生を少しでも肯定的にとらえられるような手立てを検討します。子どものアルバム、作品、趣味、好きだった番組やキャラクターなど、身近な素材を通じて、子どもの思い出を傾聴し、共有して、よき思い出を失わず、記憶として積み上げていくような手立てです。これについても身近な信頼を得た支援者が行うことが望ましく、保育士や教諭、特に施設の職員や里親は家族に代わってその役割を担う一番手でしょう。支援者が思い出の地を訪れるような機会があれば、子どもとその場所のイメージが共有されやすく、子どもも喜んで話すようになります。

エ）学習した不適切な認知、行動

　step B1 で検討した不適切な行動を修正するための具体的な手立てを検討します。検討に当たって、まず必ずすべきことは、子どもがその行動をどのように認識しているか、どうしたいのかについて必ず話し合うことです。その上で、自分でも困っている行動、修正したい、あるいは身につけたい行動について、本人が望むところからはじめることです。こちらの問題意識を早急かつ一方的に子どもに押し付けることは避けねばなりません。改善の必要性を丁寧に説明することです。またできそうなところからスモールステップで、計画を立てて行うことです。この場合、認知行動療法のアプローチが参考になります。心理職などの専門家に相談しながら、支援計画を立てて、実施するとよいでしょう。

・不適切な生活習慣や逸脱行動

　不適切な生活習慣の家庭で育てば、その生活習慣に子どもは馴染んでいます。それをすぐに修正することは困難です。保育所、施設、里親宅での健康的な生活習慣に、すぐには適応できない子どもたちがほとんどです。

　保育所や施設で他の子どもの生活習慣を見て、良好な関係の取れた保育士の行動を見て、「自分もそうしたい、そうなりたい」との動機をもてるようになることからで

す。しかし、子どもがそう思っても、それまでの習慣を変えることは簡単ではありません。いきなりすべての行動を改めようとするのではなく、必ず達成できるレベルからスモールステップで行うことです。

盗み、嘘、徘徊などの問題行動については、修正には時間がかかります。「しっかり言えばわかるだろう」と決め込むのは止めましょう。言ってわかるレベルを超え習慣化している場合もあります。子どもはそれまでの暮らしの中で、虐待状況を回避し、生き抜くためにそうせざるを得なかった事情が必ずあります。そうした行動をとる必要のない安全な環境であると、子ども自身が実感することが第1です。その上で、不適切な行動の修正への手立てを検討します。子どものそれまでの暮らしの状況、認知発達、子どもが改善を願う優先順位など、子どもに合わせて検討することです。

計画を実施する際には、保護者にも説明しなくてはなりません。家庭生活のなかで改善されるべき家族の行動にも修正に向けたアプローチをする必要があります。家族の支援（**step C2**）で、改めて扱います。

・暴力への曝露による誤学習の修正

まず子どもが過ごす保育所や学校、施設や里親などの生活環境で、暴力や支配性（相手を支配して服従させる傾向）が排除された生活文化で生活することが原則です。「あなたは、ここでは決して暴力を受けない。受けさせない、あなたも暴力をしてはならない」というメッセージを繰り返し伝えそれが確かに証明されている環境であることです。同時に、これからの家庭生活の中で家族間での暴力が繰り返されないことです。これについては、家族の支援（**step C2**）で、改めて扱います。

暴力による他者への支配性を身につけている場合が少なくありません。「24時間の生活の様子」（**step A2-4**）を活用するなどして、暴力が生じやすい状況、支配的な振る舞いが生ずる場面、暴力や支配性を誘発する状況や刺激の特定などを行い、そうした行動が生じやすい場面や状況をどう回避し、暴力を誘発する刺激にどう対応するか、イライラや怒りが生じたときに、どういった行動をとることが望ましいかなど、具体的な手立てを子どもと一緒に検討します。幼い子どものほとんどは、喧嘩は嫌いで皆と仲良くしたいと思っています。そうした気持ちを受け止めて、子どもと共に検討することです。一方的に叱り付けているだけでは、そのときは暴力や暴言が止まっても、永続的な改善は見込めません。

信頼できる専門相談機関などと連携して、支援の手立てを検討することは有益です。必要な場合は、暴力防止のための治療プログラムを活用することもあります。

・不適切な性的モデルや刺激への曝露による誤学習の修正

子どもが過ごす保育所や学校、施設や里親などの生活環境において、相手のプライベートゾーンを触らない、触らせない、居室や浴室などプライベートな場を大切に守ること、相手のプライベートな場にむやみに立ち入らないなどの認識が共有され、生活文化となっていることや、ポルノ映像など不適切な性的刺激などが排除されている環境が原則となります。プライベートゾーン、プライベート空間、相手の気持ちを理解した対応についてなど性教育の実施も必要となります。

当然、家庭内で不適切な性的刺激から守られなくてはなりません。そのための家族へのアプローチは必須です。これについては、家族の支援（**step C2**）で、改めて扱いま

す。

　一方で、男児が女性的な服装をするなど、一見不適切と思われがちな性的行動でも、「性的マイノリティ（LGBT）」に配慮した対応が必要な子どもがいます。子どもが自分の性的行動について、どう認識し、どうしたいのかについて、子どもと共に丁寧に話し合うことが必要です。一方的な価値観を押し付けてはいけません。その子どもの性を認め、配慮する手立てを検討することになります。

オ）悪循環による逆境状況の防止と不安、恐怖、心的葛藤、悩みへの手立て

　ここでは、抱えた課題ゆえに生じた二次障害への対応の手立てを検討します。

　課題を抱えていることで、学習困難、友人関係のトラブル、いじめ、阻害、居場所の喪失、性的被害につながった状況や、犯罪に巻き込まれたなど、悪循環に陥った子どもは少なくありません。その結果、抱えている問題の悪化や二次障害として新たな問題を抱えることになります。早期にこうした状況を把握し、安心できる暮らしの中で、回復に向かえるよう手立てを検討することがテーマとなります。

　家庭内で虐待を受け、家庭外でも充分な支援を受けられず、何度も逆境状況に陥った子どもは、「自分の生は望まれたものでない」「皆が自分を嫌っている」「この世に必要とされていない」「こんな自分に未来はない」などと、自分を否定し、絶望感を抱きがちです。このことは思春期・青年期の心的発達課題の乗り越えを困難にさせます。「自分は何者で、社会にどう位置づけるか」といったアイデンティティの獲得がこの時期の課題です。自己否定感は、イライラや抑鬱、引きこもり、自虐的な逸脱行動につながる可能性があります。

　支援者は子どもに寄り添い、「生きていていいんだ」「存在する価値のある人間なんだ」という思いを、あらゆる場面を使って、伝え続ける努力が必要です。野菜つくり、工作、スポーツなど、子どもが興味を持った、主体的に取り組もうとしている活動などを、共に行い、継続することは意味があります。こつこつ続けたら、野菜の実がなった、作品ができた、能力が身についたなど必ず成果につながっていきます。自分でもこつこつやっていけば達成できたという体験、自分の力を実感できたことで、明日を生きる力となります。ささやかに見えますが、自己否定感や絶望感の強い子どもほど、大きな意味を持ってきます。支援者自らが活動を共にするだけでなく、それらに通じた学生ボランティアなど、年齢の近い年上の支援者と活動を共有することは有益です。

（3）現在の環境上の要因

　子どもの問題行動や症状の背景に、現在進行形の状況が影響している場合、その状況を改善する手立てを検討します。こうした問題の多くは、家庭内、保育所や学校、施設や里親など子どもの生活の拠点で起きています。これらを早期に把握し、早急に対応を検討し、適切な手立てを打つ必要があります。このことは二次障害の予防につながる非常に重要な取り組みとなります。

包括的アセスメント
について

総合的な
情報の把握

理解、
解釈

**支援方針と具体的な
手立ての検討**

ケースの振り返りと
評価

ア）子どもにとって対処困難な状況への手立て

子どもがどうしていいのかわからずに不安や混乱が生じている場面、到底無理な課題に取り組んでいる場面、処理できない刺激に圧倒されている場面などに対して、子どもが対応できるように、環境を調整する手立てです。

子どもの日常の観察や、子どもに直接尋ねるなどして、不安や恐怖などを抱いてしまう場面や状況を把握し、不安や恐怖につながるような刺激の排除や低減、状況の改善を図ります。里親宅で暗闇が怖くて眠れない子どもに、明かりをつけて就寝する、刺激の多い休憩時間の喧騒が苦痛の子どもにその時間は保健室で過ごすなどの対応です。子どもに確認しながら、より良い環境を検討します。

子どもにとって無理な課題や要請を子どもに求めていないか検討し、そうした課題や要請を止める、あるいは子どもが対処できるように工夫して提供するなどの配慮を検討します。子どもの語りだけではなく、課題への取り組みの様子や表情からそのときの気持ちを考えて、検討することが必要です。

イ）子どもの安全や人権が損なわれている状況

人権が侵害されている状況は早急に対処する必要があります。そうした状況に気付くための手立て、把握された後の家族や関係機関などへの連絡のあり方、子どもを守るための手立て、必要な場合の法的対応などを検討します。

体重の減少、学力の低下、表情の悪化、欠席の増加など、急激な子どもの状態の変化や異変に気付き、なにが起こっているのかを確認します。本人に尋ねても、深刻な事態であるほど真実が語れない場合が少なくありません。時間をおかずに、関係する人や機関からの情報も得ることです。安全や人権が侵害されている状況が確認された場合は、機関内の責任者に連絡の上、児童相談所や警察への連絡など、適切な対応をとる必要があります。その上で、連絡先の機関と協力して、子どもを守り、事態の改善を図っていくことになります。

3. 方針γとその手立て（ケースの力の強化に向けた手立て）

step B1 で検討されたケースの力について、その充実強化に向けた具体的な手立てを検討します。

（1）子どもの力を強化するための手立て

step B で把握された、子どもが持っている特技、魅力、資質、健康的な趣味などについて、それらが生かせ、磨かれていけるような場や活動の機会を具体的に検討します。子どもや保護者と一緒に検討することは、それだけでも、子どものエンパワーにつながります。「子どもの生育歴と保護者の生活歴の把握」（step A4-2）で、子どもの力が発揮されている場や活動などが把握されれば、その場を新たに設定する、活動を再開するなど、これからの手立てを検討ます。

（2）既にある子どもへの支援を強化するための手立て

　信頼できる支援者との関係の継続、これまでの居場所の継続や活用、得意な活動の場の継続や活用などを検討します。step B で把握された既にある支援について、その継続やさらなる強化の手立てなど、具体的に検討します。「子どもと保護者の生活歴の把握」（step A4-2）でそれまでの支援の経過が把握されていれば、その支援機関や支援者に改めて支援の協力を依頼するなど、これからの支援の協力者としての可能性を検討します。

　以下の 2 つの票は、A 男と B 子についての支援方針を方針 α、方針 β、方針 γ 別に整理し、それぞれに対する具体的な手立てについて記載したものです。

包括的アセスメント
について
....

総合的な
情報の把握
....

理解、
解釈
....

**支援方針と具体的な
手立ての検討**
....

ケースの振り返りと
評価
....

A男の支援方針と手立て

		子どもの支援方針		具体的な手立て
方針α	共通	子どもとの関係構築	▶	・施設の担当職員を中心に、入浴を共にする。また一緒にオセロをするなど、関係を作る。 ・週に1回の心理面接。30分、一緒に工作（折り紙）をするなどして関係つくりからはじめる。
		子どもの居場所づくり	▶	・居室を安心できる居場所になるよう、好きなキャラクターを置き、担当職員と共にA男が安心できるような部屋のレイアウトなどを整える。
方針β	障害や疾病	体調管理（低身長、低体重の回復を含めて）	▶	身長体重を週に1回測定し経過を見る。
		頭皮の治療	▶	皮膚科受診を継続する。
	過去の環境的要因	心的発達の回復	▶	・入浴場面や工作を通して、そのときの感覚や気持ちを共有し、言葉をそえる。 ・攻撃的な感情がおさえられず混乱しているときは、男性職員が居室に連れて行き（決して強引に連れて行かないこと）、落ち着けるまでそばに寄り添う。
		心的トラウマからの回復	▶	・A男が落ち着いているときに、心理職が火傷痕の話を聴く。 ・トラウマ治療の必要性について専門家にアドバイスを受ける。食事中の外傷の想起に対しては、聞き込まない。食事の味や他の話題に移して、心地よい時間になるように努める。このほかにPTSDの症状がないか丁寧に観察し、把握する。学校にも協力を願う。
		喪失の補償	▶	・家においたままの自分のお気に入りの日用品や玩具を手元におく。本人に尋ね、手元においておきたいものがあれば、母親に頼んで届けていただく。 ・以前通っていた保育所の担当保育士に連絡し、A男へのメッセージをいただく。可能ならタイミングを見て再会できるよう試みる。
		逸脱行動（徘徊と盗み）の修正	▶	・施設の生活では食事があり、施設内に暴力などの恐怖がなければ、このような逸脱行動は生じないと考える。ゆえに特別な指導などはせずに経過を見ていく。
		逆境状況への予防的対応と自己評価の向上	▶	・定期的な心理面接（週に1回）の中で、逆境状況が生じていないか確認する。 ・さらに良いところを見つけて評価する。努力していることを評価する。力が発揮できる場を見出す。
	現在の要因	学校生活での混乱回避	▶	・休み時間は、担当教諭のそばにいて、次の授業の準備などの手伝いをする。 ・授業中、答えられない問題の解答を求めない。
		就寝時の恐怖感の低減	▶	・夜間は照明をつけ、睡眠時は職員がそばに寄り添うことで恐怖をやわらげる。
		食事を楽しめるようになること	▶	・職員が隣について食べる。食事の場面では決して叱らないこと。できないことは丁寧に教えること。食事を楽しめるように、職員が食事を味わい言葉にするなどして安心して食べられる雰囲気づくりに努める。
		母親との面会時の緊張感の低減	▶	・しばらくは面会に担当職員が同席する（母親に了解をとること）。面会の時間は40分間とする。楽しく穏やかに過ごせるような話題つくりを工夫する。皆て一緒に遊んでみてもよい。それがよければ継続する。

方針γ				
	子どもの力	得意な工作（折り紙）を大切に	▶	・担当職員との工作の時間を設ける。はじめは折り紙を一緒にするが、作品を保管、本人がよければボードに固定して展示する。
		得意なオセロを大切に	▶	・オセロが得意な職員を中心に相手をする。
		入浴時の落ち着きを重視する	▶	・職員は入浴の時間を職員との関係構築の重要な場として認識する。そこでのＡ男の様子を必ず申し送ること。一緒に湯船に浸かって、穏やかで心地よい感覚を共有し、言葉を添えること。「温かいね、気持ちいいね」など。
	支援の充実	過去に通っていた保育所の担当保育士との関係の確認、可能な継続	▶	・以前通っていた保育所の担当保育士に連絡し、本人へのメッセージをいただく。可能ならタイミングを見て再会を図る。
		学校との濃密な連絡	▶	・学校とは既に連絡、話し合いができる体制にあるが、Ａ男については特に担任との綿密な連絡を行い、協力を得る。
		継父とＡ男との関係強化	▶	・面会後に継父とキャッチボールをして過ごせるようにする。

包括的アセスメントについて

総合的な情報の把握

理解、解釈

支援方針と具体的な手立ての検討

ケースの振り返りと評価

B 子の支援方針と手立て

		子どもの支援方針		具体的な手立て
方針 a	共通	子どもとの関係構築	▶	・保育所の担当保育士を中心に、抱っこ、午睡時の寄り添い、一緒に絵を描くなどを通して関係を構築、強化する。
		子どもの居場所づくり	▶	・保育所で安心して過ごせるよう、甘えを受け止める。同時に、不安や混乱につながる場面や状況を把握する。 ・7時までの延長保育にして、夕食を済ませてから帰宅するようにする。 ・家庭で安心して暮らせるよう家族支援を行う（家族への支援方針と手立て）。
方針 β	障害や疾病	体調管理（低身長、低体重の回復を含めて）	▶	保育所での食事量（昼食と夕食）を毎日記録し、週に1回身長体重を測定し経過を見る。
		手足のあれへの手当て	▶	保育所の看護師が皮膚科の受診を母親に提案する。
	過去の環境的要因	心的発達の回復	▶	・保育カウンセラーの巡回相談を行い、B子について継続的に相談する。 ・児相の児童心理司による発達検査と保育カウンセラーと児童心理司が連携して、保育所へのコンサルテーションを行う。 保育所での対応として ・午後の自由時間には、土いじりやお絵かきなどをフリーの担当保育士が共にし、体験に伴う感覚を共有し、言葉にして、会話を促す。 ・B子が穏やかに、あるいはのびのびと活動できている場面を見つけた場合は、それにそっと寄り添い、共感に努め、言葉を添えていく。 ・食事の時は保育士が隣にいて、食事を味わい楽しい食事になるように言葉かけや雰囲気づくりに努める。指導的なかかわりにならないこと。 ・基本的な生活習慣については、トイレットトレーニングを中心に時間をかけて行う。高圧的なしつけにならないこと。他にも未熟な面はあるが、随時声かけをしていく。職員は、できないことを決して叱らないこと。 ・フリーの担当保育士との関係を基盤に、紙芝居やお歌などの集団活動場面では、できるだけ隣にいて、一人にしないこと。
		心的トラウマへの対応	▶	・保育カウンセラーの巡回相談を活用し、B子について継続的に相談する。 ・保育カウンセラーと児童心理司が連携して、保育所にコンサルテーションを行う。 保育所の対応として ・シャワーを使うときは、充分な配慮が必要である。シャワーを使わずに体を濡れタオルで拭くか、水を保育士の腕にまずかけて、安全であることを確認させてからゆっくりかける。その際、B子の表情やしぐさなどを把握しておくこと。無理やり水をかけたりしないこと。 ・午睡のときは、添い寝をして安心して眠れるようにする。 ・この他にもおびえるような場面はないか、行動を観察し、把握する。
		喪失の補償	▶	・市の担当職員がE保育所に連絡し、当時の担当保育士に当時の様子を把握し、その内容をH保育所に伝える。
		逸脱行動（徘徊と盗み）の修正	▶	・H保育所での生活全般を通して、健康的な生活習慣に馴染めるようになることを目指す。

		逆境状況への予防的対応と自己評価の向上	▷	H 保育所での対応 ・できないことがあっても叱りつけない。 ・他の子どもたちからの非難や攻撃的な言動があれば、注意する。 ・よいところを評価する。楽しそうなとき、力が発揮できていることを見出す。
方針γ	現在の要因	集団活動場面での混乱回避	▷	・ごっこ遊びやルール遊びなど、子ども同士のやり取りが多い集団活動には無理に誘わない。一人でいることを認める。
		シャワーや浴室への恐怖心の低減、消失	▷	・心的トラウマの対応に記載。
		午睡の時間の不安の低減	▷	・心的トラウマの対応に記載。
		母親の精神状態が良くないときや一人家に残されるときへの対応	▷	・家族への支援方針と手立てに記載。
	子どもの力	子どもが保育士を求める気持ちを受け止める	▷	・保育士を求める気持ちは、非常に重要であることを認識し、子どもの求めに応答すること。ただし、べったりしすぎずに、抱え込まないこと。この点については所長や主任保育士が常にアドバイスしていくこと。
		絵を描くことを育む	▷	・絵を描く場面を設ける。プロの絵画のボランティアの協力も検討する。
	既にある支援	友人Kとの協力関係の構築	▷	・送り迎えや行事の時など、友人Kも実母と一緒に来て構わないことを伝える。無理には頼まない。友人Kの意向に沿って、接触できる機会を待つ。

包括的アセスメントについて

総合的な情報の把握

理解、解釈

支援方針と具体的な手立ての検討

ケースの振り返りと評価

work C1　子どもの支援方針と具体的な手立て

step 0

I......step A

II......step B

III......step C

IV......step D

		子どもの支援方針		具体的な手立て
方針α	共通	子どもとの関係構築		
		子どもの居場所づくり		
方針β	障害や疾病			
	過去の環境的要因			
	現在の要因			
方針γ	子どもの力			
	既にある支援			

step C2 ｜ 家族への支援方針と具体的な手立て

step B2 で検討された家族の課題について、step C2 ではそれらを解決するための方針設定と具体的な手立て（メニュー）を検討します。子どもと同様に3種の方針を検討します。3種の方針とは以下の通りです。

> ① すべての家族に共通する方針α
> ② 家族の課題を解決するための方針β
> ③ ケースの力の強化に向けた方針γ

家族への支援の目的は、子どもの回復と健全な育ちを支えるためです。家族に課題があっても、その改善が子どもの福祉の向上につながることを考えます。改善を求めた介入によって、子どもの危機的状況がさらに高まるのであれば、誤った介入ということになります。また家族との関係を優先して、子どもの家庭内虐待への手立てが講じられないとしたら、それも誤った対応です。あくまで子どもの福祉を最優先に考え、家族への具体的な手立てを検討することです。

子どもの育ちのために、家族に協力を求め、そこに家族の課題の改善を位置づけていくというスタンスが基本です。可能であれば、家族と共にケースカンファレンスを行い（ファミリーグループカンファレンス）、一緒に子どものことを考えることはとても意味があります。

現在、子育てを社会全体が支える施策が市区町村を中心に展開しています。市区町村が行う子育て支援事業として、児童福祉法や子育て支援法にもとづいた事業を表1に示します。また母子保健施策として母子保健法に規定された母子を支える事業があります。それらを表2に示します。これ以外にも、子どもの貧困対策に関する施策など、ケースのニーズによって関係する事業はたくさんあります。

自分の地域で、これらの事業がどのように実施されているかを把握し、家族への手立てとして活用できるものがないか検討すると良いでしょう。

表1　市区町村における子育て支援事業

事業名	内容
乳児全戸訪問事業	児童福祉法第6条の3第4項で規定された事業で、生後4か月までの乳児のいるすべての家庭を訪問し、子育て支援に関する情報提供や養育環境などの把握を行い、乳児家庭の孤立化防止などを目的としたもの。児童虐待による死亡事例が0歳児に多いことから、早期の把握と支援の展開を目指したものである。
子育て援助活動支援事業（ファミリー・サポート・センター事業）	乳幼児や小学生などの児童を有する子育て中の労働者や主婦などを会員として、児童の預かりの援助を受けることを希望する者と援助を行うことを希望する者との相互援助活動に関する連絡、調整を行うもの。活動の例として、保育施設までの送迎、保育施設の開始前や終了後又は学校の放課後の子どもや病児・病後児の預かりなどがある。
一時預かり事業	日常生活上の突発的な事情や社会参加などにより、一時的に家庭での保育が困難となった乳幼児を保育所などで一時的に預かる事業。

包括的アセスメント
について

総合的な
情報の把握

理解、
解釈

**支援方針と具体的な
手立ての検討**

ケースの振り返りと
評価

地域子育て支援拠点事業	公共施設や保育所、児童館などの地域の身近な場所で、乳幼児のいる子育て中の親子の交流や育児相談、情報提供などを実施するもの。NPOなど様々な機関の参画による地域の支えあいを促進し、地域の子育て力の向上を目指したもの。
利用者支援事業	子育て家庭や妊産婦が、教育・保育施設や地域子ども・子育て支援事業、保健・医療・福祉などの関係機関を円滑に利用できるように、身近な場所での相談や情報提供、助言など必要な支援を行うとともに、関係機関との連絡調整、連携・協働の体制づくりなどを行うもの。
子育て短期支援事業	母子家庭などが安心して子育てをしながら働くことができる環境を整備するため、市町村が一定の事由により児童の養育が一時的に困難となった場合に、児童養護施設、母子生活支援施設、乳児院、保育所、ファミリーホームなどを活用して、子どもを預かる事業。大きく短期入所生活援助（ショートステイ）と夜間養護など（トワイライトステイ）の二つがある。
養育支援訪問事業	養育支援が特に必要であると判断される家庭に対して、保健師・助産師・保育士などが居宅を訪問し、妊娠期の支援、出産後間もない時期（概ね1年程度）の養育者に対する相談や養育技術の提供など、虐待のおそれやそのリスクを抱える家庭に対する養育環境の改善や子の発達保障などのための相談・支援、児童養護施設などの退所又は里親委託の終了により児童が家庭復帰した後の相談・支援など。
放課後児童健全育成事業	保護者が労働などにより昼間家庭にいない小学校に就学している児童に対し、授業の終了後などに小学校の余裕教室や児童館などを利用して適切な遊び及び生活の場を与えて、その健全な育成を図るもの。

表2　子どもと保護者に対する母子保健事業

事業	内容
妊婦健康診査（妊婦健診）	母子保健法第13条に定められており、必要に応じて妊産婦に対して健康診査を行うもの。妊婦の健康管理の充実と経済的負担の軽減を図るために、公的負担の拡充が進められている。妊婦健診は、身体的健康のみならず、胎児虐待や出産後の養育困難さなど、福祉的なニーズについても把握し、支援につなげる場ともなっている。
産後ケア事業	退院直後の母子に対して心身のケアや育児のサポートなどを行い、産後も安心して子育てができる支援体制の確保を目的としたもので、病院や助産所を利用した「宿泊型」、来所などによる「デイサービス型」、利用者の自宅に赴く「アウトリーチ型」がある。
産前・産後サポート事業	身近に相談できる者がいないなど、支援を受けることが適当と判断される妊産婦及びその家族に対して、妊娠・出産や子育てに関する悩みなどについて、助産師などの専門家又は子育て経験者やシニア世代などの相談しやすい「話し相手」などによる相談支援を行うもの。来所などによる「デイサービス型」、利用者の自宅に赴く「アウトリーチ型」がある。
乳幼児健康診査（乳幼児健診）	母子保健法第12条に定められた1歳6か月児健診と3歳児健診で、市町村に実施が義務付けられている。9割以上の親子が受診しているため、未受診の親子については、状況の確認が必要となる。妊婦健康診査と同様、福祉的ニーズの把握と、必要な支援につなげていく機会となる。

1. 方針α（すべてのケースに共通）

（1）家族（保護者）との関係構築

　子どもの支援を展開する上で、家族との協力関係を築く必要があります。保護者との良好な関係が築け、維持するための検討を行います。まずは家族とかかわる支援者が集まって、ケースカンファレンスの頻度など情報共有の体制づくりについて検討します。

　支援の対象となる家族は、支援への抵抗や拒否感を抱いている場合が少なくありません。それまでの生活歴の中で、支援機関に対する不信感や恐怖心を抱いてる場合があり、早急な介入は関係の悪化につながります。もちろん緊急に保護する必要がある場合など、そうせざるを得ない事態はあります。その場合は介入によるリスクを覚悟して、その後の対応を考えることになります。また課題を抱えていることへの無念さ、恥意識、罪悪感などを充分に理解する必要があります。これまでの苦労をねぎらうことを忘れてはなりません。

　どのケースも日々の暮らしに困っている状況は確実で、言動には表れないものの、家族の状況の改善と子どもの幸せを願う素朴な思いを秘めているものです。家族の支援を担う支援者は、一方的、侵入的にならず、家庭訪問を繰り返すなどして関係を築き、ニーズを汲み取って「それならばこういうサービスがあります」と支援につなげていくことです。「子どもと保護者の現状認識と願い」（**step A3**）を活用するなどして、家族と子どもの真のニーズを受け止めていくことです。保護者のニーズに適ったところから対応し、日々の生活や現状よりも好転し、生活しやすくなったと実感できるようになることを目指します。こうした実感が支援関係の強化につながっていきます。

　また、保育所の保育士や学校の教諭、施設職員や里親など、子どもの支援を行っている支援者の方が、家族との関係が構築しやすい場合が少なくありません。子どものことで話題が共有でき、養育の苦労を分かち合いやすいためです。共感的な関係性が協力関係へと展開していけるよう目指します。こうしてできた良好な関係性を、他の支援者が支えていく視点は重要です。そのためには、支援者が集まっての定期的なケースカンファレンスを行い、その関係性の重要さを皆で確認し、支援者を支えることです。

　とはいえ、家族（保護者）は様々な課題を抱えています。精神的、あるいは人格的な課題を抱え、専門的な知識をもち得ていなければ理解できないこと、対応できないことはたくさんあります。支援者が良かれと思う対応が、かえってあだとなるような事態はよくあることです。こうしたケースに関しては、精神科医や心理職などの専門職を交えて検討することが必要です。これについては方針βのなかで扱います。

（2）保護者の居場所づくり

　困ったときに相談できる場や親同士が子育ての悩みを共有できる場は重要です。子育て支援事業は、その重要性を踏まえてのものです。地域子育て支援拠点事業はその代表的事業です。しかし中には、そうした場に行くことに抵抗感を抱いている保護者も少なくありません。保護者が相談しやすい環境、プログラムの設定、親グループ

包括的アセスメント
について
・・・・・・・・・・・・・・・・

総合的な
情報の把握
・・・・・・・・・・・・・・・・

理解、
解釈
・・・・・・・・・・・・・・・・

**支援方針と具体的な
手立ての検討**
・・・・・・・・・・・・・・・・

ケースの振り返りと
評価
・・・・・・・・・・・・・・・・

などのメンバー構成のあり方など、保護者の参加意欲が高まるよう具体的な手立てを検討します。

また機関が遠方にあるなどで、通うことが難しい保護者もいます。拠点機関や相談機関に一緒に同行する、交通費などの負担を検討するなど、継続的参加を支える現実的な手立てを検討します。

2. 方針 β とその手立て（家族の課題への手立て）

step B1 で検討された課題について、それで解決していくことが方針となります。そして方針を達成するための具体的で実効性のある手立てを検討します。

（1）経済的課題への手立て

家族が経済的課題を抱えていれば、課題の内容に即して、以下のような手立てを検討します。

・経済的支援：生活保護、児童扶養手当、特別児童扶養手当、住宅手当、医療費助成制度、寡婦控除などの提供。各種手続きへの協力などです。
・就業支援：ハローワークなどによる就業支援サービス、自立支援プログラムの提供、職業訓練促進給付金の提供、学校卒業程度認定試験合格支援事業の提供などです。
・金銭管理に関する支援：浪費などの改善に向けた家計管理に関する相談や講習会、生活保護費の分割支給、管理できる人の協力などです。
・子どもの財産管理への支援：子どもの給与などを親が使い込んでしまうなどの場合、未成年後見人による財産管理など法的対応も含めた手立ての検討などです。

（2）保護者の課題の改善に向けた手立て

保護者自身が抱えた課題に即して、以下のような手立てを検討します。保護者本人の現状認識や何を改善したいかの意向を尊重して支援を行うことが原則です。その際、「24 時間の生活の様子」（step A2-4）を活用するなどして、暮らしが困難な場面を保護者と一緒に確認し、どうしたらよいか一緒に検討できれば良いでしょう。支援を受ければどのような利益があるか、保護者の立場に立って丁寧に説明することです。また保護者の抱えた課題によって、子どもが危険な状態におかれていることなどがあれば、子どもの保護や代替養育の必要性を児童相談所と検討することになります。その際、どのような危険な状況かを把握し、児童相談所と共有することが重要です。

親の精神的未熟さや養育能力に対する支援については、定期的な相談、学習支援、養育支援訪問事業の活用、養育プログラムへの参加などが考えられます。

また産後うつ、統合失調症、うつ病、PTSD、依存症などの精神疾患を抱えた保護者については、医療機関に一緒に受診するなど、専門機関につなげていくための手立てを検討し、つながった医療機関や治療機関への通院などを支えると共に、治療機関と協働し、保護者への対応の仕方や日常生活での具体的なサポートを検討することが有益です。

人格的偏りのある保護者への対応については、人格障害に関する正しい理解のもと、

精神科医などの専門家にアドバイスを受けながら、かかわり方などを検討します。

その他、孤立状況の改善に向けた定期的な家庭訪問、支援拠点につなげるための支援、誤った養育観の修正に向けた手立てなどについて、関係者が集まり、専門家のアドバイスを受けるなどして検討します。

（3）親子関係の改善に向けた手立て

虐待行為が認められる場合は、加害の保護者がその行為を認め、再び虐待行為を行なわないよう、予防的な手立てを保護者と共に検討します。感情が高ぶったときに深呼吸する、別室に行って子どもとはなれる、すぐに電話で連絡するなど、具体的な手立てを見出します。著しい身体的虐待や性的加害など深刻な場合は、子どもの保護や代替養育を児童相談所と共に検討します。

より良い親子の関係を築くために、支援者が定期的に相談にのることは重要です。保護者が親子関係を振り返り、改善すべき点に自ら気づき、改善に向けて努めて行けるよう支えることです。一方的な指摘や指導では改善につながりにくいものです。親のグループに参加し子育ての悩みを分かち合うこと、親子で親子関係改善に向けた治療プログラムに参加するなども、保護者の意向に合わせて無理のない形で展開できるよう検討します。

代替養育に移った子どもと保護者に対しても、親子関係再構築に向けた支援を行い、家庭復帰を目指します。中には、家庭復帰が難しいケースもあります。その場合でも、面会交流など親子が安定してかかわれる場面を見出し、その継続を支え、より良い関係構築を模索し続けなくてはいけません。これを展開するためには、里親や施設、児童相談所、家族が居住する市区町村、それぞれの支援者が連携し、支援を検討することが必須となります。

（4）家族機能の改善に向けた手立て

基本的な生活習慣や、育児などについての課題があれば、その課題の解決に向けた手立てを検討します。支援者は「24 時間の生活の様子」（**step A2-4**）を活用するなどして、生活の中で困難なこと、上手くいかない場面などを保護者と共有し、どのような手立てが必要か、一緒に検討します。養育支援訪問事業を活用し、家庭に出向いて、困難な家事などを補うことは、子どもにとって大きな意味があります。また訪問支援者をモデルにして、親子が家事などを学ぶ機会にもなります。支援者の訪問は、家庭に新たな、かつ健康的な空気が流れこみ、家庭全体の雰囲気を良好なものに変えていく機会にもなりえます。家事や子育てで、保護者のできることや健康的な側面を認め、評価し、エンパワーしていくことが重要です。その上で、保護者との支援関係を基盤に話し合いを重ね、不適切な養育観や家族観の修正を可能な限り図っていきます。保護者の意向に沿う形で、家事や育児の講習会などを受ける、料理などのワークを組み入れた親グループへの参加、ペアレントトレーニングへの参加などを検討します。

（5）家族成員の課題と互いの関係性の課題の改善に向けた手立て

家族成員の課題があれば、その課題に応じた支援機関の紹介など、必要な情報を保

包括的アセスメントについて

総合的な情報の把握

理解、解釈

支援方針と具体的な手立ての検討

ケースの振り返りと評価

133

護者に提示し、必要な関係機関と連携して、家族成員に対する必要な支援を行います。親子関係以外の家族成員との関係について、子どもの福祉に影響するものとして以下の点は留意する必要があります。

- **夫婦間暴力**：配偶者暴力防止支援センターと連携するなどして、適切な手立てを検討します。母子生活支援施設を利用している母子について、施設と連携して必要な支援の手立てを検討します。
- **離婚**：離婚は子どもに大きな影響を与えます。子どもは双方の親に気を遣い、自分の気持ちを素直にいえない状況に追い込まれる可能性があります。
- **祖父母の介護**：地域の高齢者支援センターと連携し、家族を支援します。子育てと介護を同時に担う保護者の負担は非常に大きく、子育てに影響します。保護者を支援する具体的な手立てを検討します。
- **その他**：親の疾病、逮捕、転居など、子どもにとって逆境状況となる事態への対処を、学校や保育所など、関係する機関とで情報共有を行い、子どもへのダメージが少しでも和らぐよう、手立てを検討します。

（6）支援状況の改善に向けた手立て

担当 SW、保健師、保育士、教師、ヘルパーなどの支援者に対して、保護者やその他の家族が怒りや拒否感を強めていて、関係が切れていたり、悪化している場合、その改善に向けた手立てを検討します。その場合、関係性そのものの修復を検討する場合とその他の支援者が新たに良好な関係を築いていく場合が考えられます。家族に適した支援関係の改善、構築の手立てを検討します。

また地域とのトラブルが生じている場合や、転居を繰り返し、居所を転々としている場合などもあります。これらも子どもに大きな負担となります。民生委員、主任児童委員など地域の支援者も含めて、地域で安定して暮らせるよう必要な支援の手立てを関係者と共に検討します。

3. 方針γとその手立て（ケースの力の強化に向けた手立て）

step B2 で検討した「ケースの力」について、その充実強化に向けた具体的な手立てを検討します。

（1）家族（保護者）の力を充実、強化するための手立て

step B2 で把握された、保護者が持っている特技、魅力、資質、健康的な趣味などについて、それらが生かせ、磨かれていけるような場や活動の機会を具体的に検討します。また、保護者の力が発揮されている場や活動などが把握されていれば、その場がより充実したものになるよう働きかけます。

（2）既にある家族への支援の充実、強化に向けた手立て

信頼できる支援者との関係の継続、これまでの支援拠点の継続や充実、保護者が得意な活動の継続、活用されていた支援の強化などを検討します。**step B** で把握された

「既にある支援」について、その継続やさらなる充実の手立てを、具体的に検討します。

　以下の2つの票は、A男とB子の家族への支援方針について、方針α、方針β、方針γ別に整理し、それぞれの方針を達成するための具体的な手立てについて記載したものです。

包括的アセスメント
について
・・・・・・・・・・・・・・・・・・

総合的な
情報の把握
・・・・・・・・・・・・・・・・・・

理解、
解釈
・・・・・・・・・・・・・・・・・・

支援方針と具体的な
手立ての検討
・・・・・・・・・・・・・・・・・・

ケースの振り返りと
評価
・・・・・・・・・・・・・・・・・・

A男の家族への支援方針と手立て

		家族の支援方針		具体的な手立て
方針α	共通	保護者との関係構築	▶	・保育所の所長が主に妹のことについて母親との面談を実施。 ・児童養護施設のFSWがA男のことを中心に母親との定期的（月に1回）な面談を実施。継父が来たときは、積極的に話しかけて継父との関係を構築する。 ・児童福祉司は定期的に連絡を取り、関係を作っていく。
		保護者の居場所づくり	▶	・児童養護施設や保育所の親子参加の行事に誘う。
方針β	経済的課題	経済的支援	▶	・母親の就労について、母親の気持ちを尊重し、昼間の就労に前向きになったときに、児童福祉司から就労支援のサービスについて説明する。
	保護者	飲酒について	▶	・FSWの面接の中で、母親の健康にとって飲酒を控えることを大切なテーマとして共有する。継父にも実母の飲酒について心配なことはないか確認していく。
		母親の精神的課題への支援（不眠、過去の被害体験などへの対応）	▶	・FSWや所長との面談で自らの精神的課題について話題になったときは、○○クリニックを勧める。 ・児童家庭支援センターの母親グループを紹介する。
	親子関係	親子関係の修復	▶	・FSWとの面談や担当職員との会話を通して、A男の魅力や優れた点を伝えていく。母親として尊び、押し付けがましくしないこと。 ・自立支援計画の作成時に、実母の意向を尋ねる際に、子どもの発達や年齢相応の能力について説明し、A男にとって高すぎる課題を要求していたことに気付けるよう促す。 ・親子の面会が楽しい時間になるよう、FSWと担当職員が同席して、一緒にゲームをするなどして楽しむ時間も設ける。
		暴力の抑制、防止	▶	・母親が暴力を止めようとしていることを支持し、子育てにおいて暴力が有効でないことを、FSWが繰り返し説明する。 ・実母が希望すれば、児童家庭支援センターの暴力防止トレーニングを紹介し、参加につなげる。
	家族機能	母親が疲れていて家事ができない時の継父のフォローを支援する	▶	・主任児童委員と継父との話、あるいは保育所の面接や施設の面会時などで、継父の母親への配慮を大いに評価する。
	家族成員	継父への支援	▶	・まじめに働き、家の手伝いをする継父をねぎらう。
		妹の発達のフォロー	▶	・保育所で妹の様子を把握していく。
	支援環境	児童福祉司と実母との関係改善	▶	・定期的に連絡を取ることで、関係の改善に努める。
		継父と施設職員などとの関係を強めていく	▶	・施設のFSW、担当職員と継父との関係強化に努める。 ・児童福祉司と継父との関係作りに努める。
方針γ	保護者の力	これまで生き抜いてきた力を評価する	▶	・実母が過去の逆境状況について語ったときは、それらを乗り越えてきた実母をねぎらう。
		まじめな実母を支持する	▶	・まじめに取り組もうとする実母の姿勢を評価する。一方で母親が頑張りすぎないよう言葉をかけ続ける。
	既存の支援	・保育所の所長と施設のFSWとの関係を支える	▶	・良好な関係が維持できるよう、他の職員が配慮する。
		・主任児童委員との協力関係を構築する	▶	・継父と良好な関係にある主任児童委員を支援する。

Ｂ子の家族への支援方針と手立て

		家族の支援方針		具体的な手立て
方針a	共通	保護者との関係構築	▶	・保育所の所長が定期的に面談をする。 ・登園時など相談したい素振りのときは、すぐに対応する。 ・市の担当職員が定期的に訪問し関係を築く。
		保護者の居場所づくり	▶	・クリニックの医師に連絡をとり、市が可能な支援サービスについて助言を得る。土日の母子のデイサービスの活用を提案する。
方針β	経済的課題	経済的援助	▶	・生活保護の継続。 ・就労を焦らせないよう留意する。
		食材の支援	▶	・母子生活支援施設が行っている近くのフードバンク（食材の無料提供）を紹介する。
	保護者	実母の不眠や不安などの精神状態の改善	▶	・精神科クリニックの受診の継続。 ・保育所の所長が受診状況を確認、把握する。母親の状態について母親に尋ね把握する。無理をしないようねぎらう。
	親子関係	親子関係改善に向けた取り組み	▶	・送迎時の親子関係の把握（所長など）。 ・送迎時で、親子の良好なかかわりを支持（所長などが肯定的なかかわりを評価しフィードバックする）。 ・保育所の所長や担当は、Ｂ子の成長やできたことなどを実母に伝える。 ・保育所での砂場遊びなどに母親も誘う（決して無理に誘わない）。 ・ペアレントトレーニングの紹介。
	家族機能	掃除と食事の支援	▶	・市の担当職員は、養育支援訪問事業があることを実母に説明し、了解が得られたら、週に２日ヘルパーを派遣する。掃除と食事（冷凍にして作り置きなどしてもらう）。
	家族成員		▶	
	支援環境		▶	
方針γ	保護者の力	実母のできていることを評価し、決して焦らせない	▶	皆で、洗濯や身なりなど実母ができていることを評価する。次々に課題を設定せずに、いまできていることを評価する。
	既存の支援	・生活保護の継続	▶	・Ｔ市の担当職員は生活保護課に生活保護継続の必要性を説明する。
		・保育所の通園	▶	・母親の調子が悪く、保育所に通えないようなときは、主任児童委員がＢ子の送迎を行う。
		・友人Ｋと連絡をとり、支援の協力関係を作る	▶	・所長は保育所に友人Ｋを連れてきていいことを実母に伝える。
		・クリニックへの受診を支持しねぎらう	▶	・クリニックに行けていることは重要なことなので、行けていることを支持しねぎらう。

包括的アセスメントについて

総合的な情報の把握

理解、解釈

支援方針と具体的な手立ての検討

ケースの振り返りと評価

work C2　家族への支援方針と具体的な手立て

step 0

I……step A

II……step B

III……step C

IV……step D

自分の担当するケースや模擬事例などについて検討し、記載してみましょう。

		家族の支援方針		具体的な手立て
方針α	共通	保護者との関係構築	▶	
		保護者の居場所づくり	▶	
方針β	経済的課題		▶	
	保護者		▶	
	親子関係		▶	
	家族機能		▶	
	家族成員		▶	
	支援環境		▶	
方針γ	保護者の力		▶	
	既存の支援		▶	

138

step C3 | 子どもと家族への支援の役割分担

step C1 および C2 で検討された支援の手立てについて、step C3 ではどの機関（支援者）がそれを行うかを決めていきます。そのための前提として、自分の地域にはどのような支援機関や団体があるのかを知っておく必要があります。要保護ケースへの在宅支援を行う上では、中心機関としては児童相談所と市区町村の児童家庭相談担当部門を柱に、学校、保育所や幼稚園等、保健センター、福祉事務所、医療機関、警察等が中核的な支援チームとなります。社会的養護（代替養育）における支援では、児童相談所と児童福祉施設を柱に、里親、学校、保育所や幼稚園等、医療機関、警察、司法機関等が支援チームの中核となります。ここではその中でも中心となる児童相談所と児童福祉施設について簡単に説明します。ここでは連携する可能性のある機関の一部を取り上げて概説します。

（1）児童相談所

児童相談所は児童福祉法に基づいて各都道府県に設けられた児童福祉に関する専門機関で、すべての都道府県および政令指定都市等に設置されています。市区町村が一般的な子育て支援から要保護児童のケース支援まで幅の広い対象を扱うのに対して、児相は、より重篤なケース、あるいは一時保護や施設入所等の行政権限を必要とするケースを中心とすることで、市区町村との役割分担がなされています。児童相談所の基本的機能は以下の4つです。

①相談機能：子どもに関する相談で、専門的な知識や技術を必要とするものについて、総合的なアセスメントをもとに援助方針を定め、関係機関等を活用して一貫した子どもの援助を行うもの。児相が応じている相談種別を表2に示す。

②一時保護機能：必要に応じて子どもを家庭から離して一時保護をするもの。子どもが生活するための一時保護所を備えている児童相談所が多い。子どもの安全確保のための保護、生活場面の行動観察等アセスメントを目的とした保護、虐待の影響からの回復などのケアを目的とした保護などがある。

③措置機能：里親や児童福祉施設に子どもを委託、通所、または入所させて、子どもへの必要な支援、指導を行うもの。里親委託や施設入所には、親権者の同意が必須だが、それが得られない場合、家庭裁判所に申し立て（児童福祉法第28条の申し立て）を行い、審判を経て委託、措置となる。

④市町村援助機能：市区町村における子ども家庭相談への対応について、市区町村間の連絡調整、市区町村への情報の提供その他必要な援助を行うもの。

児相には児童福祉司、児童心理司、一時保護所職員、医師、保健師、弁護士など多職種が配置され、これらの機能を担っています。

包括的アセスメント
について

総合的な
情報の把握

理解、
解釈

**支援方針と具体的な
手立ての検討**

ケースの振り返りと
評価

表2　児童相談所の相談種別と概要

養護相談	児童虐待相談や保護者の失踪等、養育困難な状況におかれた児童に関する相談
障害相談	知的障害、発達障害、重度の心身障害などの相談
非行相談	虞犯や触法行為等のある非行児童に関する相談
保健相談	低体重児、虚弱児、小児喘息等の疾患を持つ子どもの相談
育成相談	しつけ、不登校、家庭内暴力、進路の適正等の相談

（2）児童福祉施設

　社会的養護とは、保護者のない児童や、保護者に監護させることが適当でない児童を、公的責任で社会的に養育し、保護するとともに、養育に大きな困難を抱える家庭への支援を行うことです。児童を家庭から分離し、家庭に代わって養育を担う場としては以下の3つの形態があります。

①**里親養育**：家庭における養育を里親に委託するもの

②**ファミリーホーム**：養育者の住居において家庭養育を行うもの。（定員5、6名）

③**施設養護**：施設に児童を入所させて養育を行うもの。

　施設養護を担う児童福祉施設等の種類と概要を表3に示します。社会的養護を必要とする多くの子どもが児童福祉施設に入所しています。また児童福祉施設は、里親支援や地域の子育て支援にも貢献している施設が増えています。

表3　社会的養護を担う児童福祉施設等

施設名称	概要
乳児院	乳児（特に必要な場合は就学前まで）を対象とした入所施設
児童養護施設	保護者のない児童、虐待されている児童その他環境上養護を要する児童（特に必要な場合は、乳児を含む）を対象とした入所施設
児童心理治療施設	家庭環境、学校における交友関係その他の環境上の理由により社会生活への適応が困難となった児童を、短期間、入所させ、又は保護者のもとから通わせて、社会生活に適応するために必要な心理に関する治療及び生活指導を主として行う施設
児童自立支援施設	不良行為をなし、又はなすおそれのある児童及び家庭環境その他の環境上の理由により生活指導等を要する児童に対して、個々の児童の状況に応じて必要な指導を行い、その自立を支援する入所型の施設
母子生活支援施設	配偶者のいない女子又はこれに準ずる事情にある女子及びその者の監護すべき児童を入所させて、これらの者を保護するとともに、これらの者の自立の促進のためにその生活を支援する施設
自立援助ホーム	義務教育を終了した児童であって、児童養護施設等を退所した児童を対象とし、就労支援等児童の自立を支援するホーム

（3）関係する機関

　子どもと家族の抱えたニーズ（課題の解決や強みの強化など）は多様です。中心となる支援チームだけでそれらに対応することは困難です。その際はニーズに応じられる機関や支援者と協働することになります。また、中心となる支援チームで一定の支援が可能な場合でも、そこに加わることで、支援がより充実する機関や支援者も地域には存在します。民間のNPOも含めて、そうした機関や支援者を発掘し、共同していくことも重要な視点です。

　表4は、関係する可能性のある機関についての一部を示したものです。

表4　関係機関

名称	概要
児童家庭支援センター	児童家庭福祉に関する地域相談機関で、①児童に関する家庭その他からの相談のうち、専門的な知識及び技術を必要とするものに応じる、②市町村の求めに応じ、技術的助言その他必要な援助を行う、③児童相談所において、施設入所までは要しないが要保護性がある児童、施設を退所後間もない児童等、継続的な指導措置が必要であると判断された児童及びその家庭について、指導措置を受託して指導を行う、④里親及びファミリーホームからの相談に応ずる等、必要な支援を行う、⑤児童相談所、市町村、里親、児童福祉施設、要保護児童対策地域協議会、民生委員、学校等との連絡調整を行う。
教育相談センター	いじめや不登校や学業など学校に関する問題や、心身の発達や親子関係の悩みなどについて相談に応じる教育機関。
発達障害者支援センター	発達障害児（者）への支援を総合的に行うことを目的とした専門的機関。
療育センター	障害のある子どもに対して、それぞれに合った治療・教育を行う機関。
配偶者暴力相談支援センター（婦人相談所）	配偶者からの暴力の防止及び被害者の保護を図るため、相談や相談機関の紹介、カウンセリング等を行う機関。
母子家庭等就業・自立支援センター	就業相談から就業支援講習会の実施、就業情報の提供等一貫した就業支援サービスの提供を行うとともに、弁護士等のアドバイスを受け養育費の取り決めなどの専門的な相談に応じる機関。
精神保健福祉センター	精神保健及び精神障害者の福祉に関する知識の普及、調査研究、相談及び指導を行う施設。アルコール相談や心の健康づくり推進事業などの心のケアを行う。
法テラス（日本司法支援センター）	「日本司法支援センター」の通称であり、国が設立した法律支援団体。法律トラブルを抱える人が必要な情報提供やサービスを行う機関。

包括的アセスメント
について

総合的な
情報の把握

理解、
解釈

**支援方針と具体的な
手立ての検討**

ケースの振り返りと
評価

以下の票はＡ男とＢ子の支援の手立てについての役割分担を記載したものです。横の欄には関係する機関や職種名を、縦の欄には支援方針を記載し、マスの中に支援の手立てを記入しています。

Ａ男への支援の役割分担

機関名 / 内容	施設 担当職員	心理職	FSW	他職員	学校 担任教諭	児童相談所 児童福祉司
支援者とＡ男との関係構築	・入浴を共にする。 ・オセロ、折り紙等を一緒にする。			・入浴を共にする（男性）。 ・オセロ、折り紙等を一緒にする。	休み時間等に担任の手伝いをして過ごせるようにする。	定期的な面談（2か月に1回）。
子どもの居場所つくり	・居室の物品等をＡ男の好みで整える。				休み時間等の担任の手伝い。	
健康管理	毎週、身体測定。			毎週、身体測定。		
頭皮の治療	皮膚科受診。			皮膚科受診。		
心的発達の回復	体験を共有し言葉をそえる。衝動制御が困難なときは居室に行き、沈静を促す。	心理面接（週に1回）。体験を共有し言葉をそえる。	体験を共有し言葉をそえる。	体験を共有し言葉をそえる衝動制御が困難なときは居室に行き、沈静を促す。	てきたこと、良いことを評価し褒める。	
心的トラウマからの回復	食事中は、火傷痕の話を聴き込まない。	心理面接（週1回）。火傷痕について機会を見て話を聴く		食事中に火傷痕の話を聴き込まない。		
喪失の補償	家にある大切なものの話を聴く。		大切な私物を家から届けてもらえるよう母親に依頼する。			子どもの状況の把握（回復や育ちの把握）。
就寝時の対応	夜間は照明を点灯し、就寝時に寄り添う。			夜間は照明を点灯し、就寝時に寄り添う。		
施設の自由時間、学校の休み時間などでの情緒的混乱やトラブルの防止	・いらいらしたときは居室に行くか、職員のそばに来るよう伝える。			・主に女性職員は、期待だけもたせて後でてきないようなあいまいな約束はしない。	・休み時間はそばに置いて、授業の準備等を一緒にする。 ・授業中、答えられない問題の解答を求めない。	
学校との連絡体制	学校との連絡体制を構築し、子どもの様子を学校に伝える。		学校との連絡体制を構築し、継続できるようにする。		日々の施設との連絡。	
ケース会議等			ケース会議の調整。			ケース会議の調整。

A 男の家庭への支援

機関名／内容	施設		児童相談所	保育所	クリニック
	担当職員	FSW	担当児童福祉司	所長	精神科医師
支援者と実母との関係構築	家族面談同席。家族で遊べるゲームを考える。	母親との面接。母親の努力をねぎらう。	定期的な訪問。	妹の話を中心に面談を行う。実母をねぎらう。	
実母の居場所づくり	行事などに誘う。来所を歓迎する。			行事などに誘う。来園を歓迎する。	
実母の就労について		就労の意思を確認していく。			
飲酒の改善		様子を尋ねていく。			受診につなげる。
不眠等、母親の精神的課題への支援		クリニックを紹介する。			受診につなげる。
親子の関係修復	・家族面談同席。家族で遊べるゲームを考える。・面談後、継父とキャッチボールできるようにする。	・母親との面接 A男の成長や良いところを共有する。・児童家庭支援センターの暴力防止トレーニングを紹介する。			
子どもへの暴力の防止		暴力に頼らない子どもへの対応について説明する。			
継父への支援	継父をねぎらう。	継父をねぎらう。		継父をねぎらう。	
妹の発達のフォロー				妹の様子を把握し、発達をフォローする。	
ケース会議等		ケース会議の調整。	ケース会議の調整。		

包括的アセスメントについて

総合的な情報の把握

理解、解釈

支援方針と具体的な手立ての検討

ケースの振り返りと評価

B子への支援

内容	保育所 担当保育士・フリーの保育士	保育所 所長	市の担当部署 担当職員	市の担当部署 保育カウンセラー	近隣 主任児童委員	児相
支援者とB子との関係構築	・午睡の寄り添い。 ・食事を隣で食べる。 ・個別の時間を設け一緒にお絵描きや土遊びをする。	延長保育を行い、夕食も取れるようにする。			母親が登園できないときは、送迎を行う。	
子どもの居場所づくり	・お絵描きの時間などがお気に入りの時間になるように働きかける。	B子に保育士が個別でかかわれる体制づくり。				
健康管理	食事量のチェック。 週1の身長・体重の測定。					
手足の皮膚あれの治療		皮膚科の受診を母親に提案する。				
心的発達の回復	・個別のかかわりの中で、食事、お絵描き、土遊びなどを共にし、そのときの感覚を言葉にして返す。					
心的トラウマからの回復	・シャワーを使用するときの配慮。 ・他のトラウマ症状がないかの把握。 ・午睡のときに寄り添い、安心できるよう働きかける。			子どもの行動観察と保育士の相談、助言など。		
喪失の補償		市の担当からの情報を得た上でE保育所に連絡し、さらなる情報等を得る。	E保育所での様子を把握し、保育所に伝える。			
生活習慣の改善	・トイレットトレーニング。 ・年齢相応の生活習慣が身につくよう、丁寧に教えていく。できないことを叱らない。					
自己評価の向上	・主体的な遊びに寄り添う。 ・できたことを褒める。 ・できないことを責めない。失敗したときに、他児からの批判など受けないよう、その都度、他児に働きかける。					
危機的状況の回避	・集団活動を強いないで、B子のペースを大切にする。 ・家庭での子どもの様子の確認。	母親と話す機会を増やし、家庭での子どもの様子を把握。	虐待等が疑われるときの即時の対応と児相への連絡。			虐待等の緊急時の相談受理。

ケース会議など	会議に参加する。		会議の提案など。	個別ケース会議の調整と開催。	会議に参加する。		母親が参加する場合は共に参加。	緊急時の参加。

B子の家族への支援

機関名 / 内容	保育所		市の担当部署		生活保護課	クリニック	地域	児相
	担当保育士	所長	担当職員	ヘルパー	生活保護CW	精神科医	主任児童委員	
支援者と実母との関係構築	送迎時に子どもの様子を伝える。	定期的な母親との面談。	定期的な訪問（月に1回）。	実母の了解を得ての定期的な訪問（週に2日）。			回覧板などを通して日常的な交流。	
実母の居場所づくり		保育所が安心できる場になれるよう働きかける。				デイサービスの提案。		
経済的課題への支援			フードバンクの紹介。		生活保護の継続。就労を焦らせない配慮。			
不眠等、母親の精神的課題への支援				ヘルパーが話し相手になり、孤独な状態を改善できればよい。		クリニックを受診、眠剤と抗不安薬の服薬。		
親子の関係修復	B子の成長、よき資質、身につけた能力、魅力などを伝える。	B子への気持ちなどを傾聴する。	B子への気持ちなどを傾聴する。					
家族機能の補償、改善		延長保育を行い夕食はしばらく保育所ですます。	訪問時に、ヘルパー派遣を提案する。	ヘルパーの派遣が了解されたら掃除と食事づくりを行う。				
友人Kへの働きかけ	送迎時に話をする。							
ケース会議など	会議に参加する。	個別ケース検討会議の提案。	個別ケース検討会議の調整と実施。	可能ならば参加。	可能ならば参加。	母親が参加する場合は共に参加。	機会を見て参加。	緊急時の参加。

包括的アセスメントについて

総合的な情報の把握

理解、解釈

支援方針と具体的な手立ての検討

ケースの振り返りと評価

| **work C3** | 子どもと家族への支援の役割分担 |

step 0

I......step A

II......step B

III......step C

IV......step D

　Ａ男とＢ子のケースを参考に、自分の担当するケースの子どもと家族への手立てについて、支援に必要な支援者や機関名を明記し、マスの中に具体的な支援内容を記載しましょう。

子どもへの手立ての役割分担

機関名／内容							

146

家族への手立ての役割分担

内容＼機関名								

包括的アセスメント
について

総合的な
情報の把握

理解、
解釈

**支援方針と具体的な
手立ての検討**

ケースの振り返りと
評価

IV step D　ケースの振り返りと評価

　step D では、支援経過を振り返り、ケースの理解をさらに深め、それまでの支援方針と手立てを評価、修正し、新たな方針と手立てを設定していきます。

1. 基本的な考え方

　支援が始まると、新たに気づく子どもの状態、子どもや家族から新たに話される事情、関係機関から別の視点で届けられる情報など、初めて知り得ること、気づくことが頻繁に起こってきます。一定の期間が過ぎると、それらを整理して、ケースの理解を見直し、今後の支援方針や手立てを修正する必要が生じてきます。アセスメントは常に仮説です。はじめに方針ありきで、支援を継続し続けることは、徐々に現状にそぐわなくなっていきます。常に見直し、修正していかなければなりません。新たな情報を整理し、それらを基に理解を深め、より適切な理解に基づいて方針と手立てに見直していきます（図12）。子どもの年齢や家族の状況、ケースの展開にもよりますが、支援を開始して3か月以内には見直しが必要でしょう。その後も一定の期間をおいて見直していくことになります。

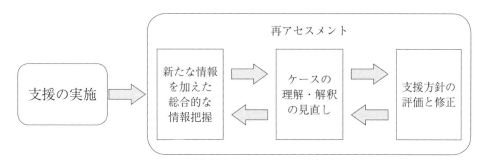

図12　包括的アセスメントの修正

2. ケースの振り返りと評価に必要な視点

　ケースの振り返りを行うためには、それまでの支援の経過記録が重要な情報源のひとつとなります。経過をまとめる基になるのは子どもと家族の変化や支援の内容などの日々の申し送りや記録です。

　また振り返りにあたっては、支援チームでカンファレンスを行うことが有意義かつ効果的です。様々な支援者が、様々な場面でケースにかかわります。それぞれの支援者が新たな情報や気づきを得ていきますから、それらを共有させる必要がありますし、

step 0

I......step A

II......step B

III......step C

IV......step D

情報を総合させることで、ケースの理解はより深まることになります。また支援方針や手立てについても皆が納得し、共有していなければチームは混乱します。カンファレンスでは、子どもの家族に関する新たな情報や経過などがまとめられた資料が必須です。口頭だけでの話し合いだけでは、情報が錯綜し、ケースの理解が困難なものとなります。

　ケース・カンファレンスでは次のことが検討点となります。新たな情報の整理と共有、子どもと家族に関するそれまでの理解と異なる点は何かの検討、既存の支援方針と手立ての評価、継続される方針と新たな方針の検討、それに伴う既存の手立ての継続、取り止め、修正、及び新たな手立ての検討などです。

step Dの構成

ここでは、次のステップに分けて、ケースの振り返りと評価の視点を学んでいきます。

step D1　支援の経過をまとめる

step D2　ケース・カンファレンスの実施

step D3　子どもと家族の抱えた課題の振り返り

step D4　子どもと家族への支援方針と手立ての見直し

step D5　役割分担の見直し

step D6　子どものこれまでの人生を理解する

包括的アセスメント
について
....

総合的な
情報の把握
....

理解、
解釈
....

支援方針と具体的な
手立ての検討
....

**ケースの振り返りと
評価**
....

step D1 ｜ 支援の経過をまとめる

支援の経過をまとめることは、子どもの回復と育ち、及び家族の変化を確認し、これまでの支援を評価する上で重要な作業となります。経過をまとめるにあたっては、支援機関の日々の記録等を踏まえて時系列でまとめます。特記すべきエピソード、子どもの変化や育ち、家族の変化、関係機関の対応等を中心に記述し、まとめていきます。

以下は、A男のケースとB子のケースの経過を記載したものです。この票のように「子どもの経過」、「家族の経過」「関係機関の支援経過」に分けてまとめるとそれぞれの流れが整理され、相互の関係もとらえやすくなります。またカンファレンスでの支援方針の内容を枠付けして記載しています。こうしておくと、その時々の支援チームのケース理解や支援方針の内容がつかみやすくなります。

151 ●

Ａ男のケースの経過

	支援の経過		
年齢 （学年・月）	子どもの経過	家族の経過	関係機関の支援経過
7歳2か月 （小2の6月） 数日後	入所　緊張している。 きょろきょろと周囲をうかがい、落ち着きがない。「先生怖い？」と会う職員ごとに尋ねる。 居室は個室。 他児の言葉が、自分の悪口に聞こえて、食ってかかる。他児に対して「ばかやろー」「死ね」などのことばが頻発する。制止すると「うるせー」などとなかなか落ち着けない。男性職員が居室に連れて行くと、しばらくして落ち着ける。	入所日に母親も同伴する。	保育所の所長と面談：月に1回設けて妹の話をすることを中心に相談を受ける。
2週間後 3週目	皮膚科受診　専用のリンスを使用することになる。 入浴のとき男性職員と二人になるととても落ち着いている。 食事のときに「これ根性焼きの痕だよ」と手の甲の火傷の痕をみせる。 夜寝付けず、悪夢を見るようで「お化けが出るから怖い」という。 登校を開始 学校では、工作や算数のドリル以外は集中することが難しい。課題に答えられないといらいらし、「どうせわからないんだ」とふてくされる。	1回目面会：担当職員同席 母親の前では直立不動で、母親の言うことに「ハイ！」と返事をしている姿が印象的。 ＦＳＷとの母親面接。月に2回の面会と面接を提案する。	児相の児童福祉司が家庭訪問。 母親に面会の様子などをうかがう。継父にも面会を促す。
1か月後 2か月後	休み時間に、級友とのトラブルが毎日のように起きる。 女性職員に甘えるようになったが、要求が多く、独占したがる。 心理面接を実施。折り紙などを一緒にする。穏やかな表情を見せる。	2回目面会：担当職員同席 母親の前て直立不動。 ＦＳＷと母親面接。その間に継父とキャッチボールをして過ごす。嬉しそうな表情。	

施設職員（ほぼ全員）、児童福祉司、担任教諭とて、カンファレンスの実施　検討された方針と手立て
施設の担当職員を中心に、入浴を共にする。また一緒にオセロをするなど、関係を作る。
・Ｔ心理士による週に1回の心理面接を継続（トラウマ治療について、児童心理司に相談する）。
・食事中の火傷の痕などの被虐待体験の話については、聞き込まない。食事を楽しめるような雰囲気づくりを心がける。
・トラブルが生じて怒りが静まらないときは、男性職員が居室に連れて行って、落ち着けるようそばにいる。
・女性職員は、「後て時間があったらね」などのあいまいな約束はせず、できることできないことを明確に伝える。
・就寝時は、明かりをつけ、職員がそばにつく、ドアは開けたままにする（Ａ男が安心できる）。
・職員同席の面会の継続（月に2回）。面会時に家族が皆くつろいで過ごせよう、一緒にゲームをするなども試みる。
・FSWによる母親面接の継続。継父とのキャッチボールの継続。
・学校では、答えられない問題のときにあてたりしない。学校の休み時間は先生のそばて過ごせるようにする。
・児童福祉司が定期的に訪問、また施設の行事に参加して、実母との関係改善、継父との関係構築を目指す。

3か月後	学校の休み時間は担任のそばて、		

小2の10月	授業の準備などのお手伝いをすることになる。A男はそれを誇りに思えたようで、とても喜んだ。心理面接て、火傷痕の話になる。実母が食事中に行儀が悪いと「おっ灸をすえる」といって何度かされたという。「自分が悪かった」というので、A男が悪くはないこと、食事中に思い出してしまい、不安になっていることを説明する。さらに、不安にならずに食事が楽しく食べられるように皆が願っていることを伝える。	面会。担当職員、A男、実母、継父、妹て輪投げをして楽しむ。良い雰囲気で終えることができた。以降輪投げやトランプなど妹も楽しめるような遊びを一緒に行う。FSWとの面接で、A男がなかなか眠れないことを話すと、「私もずっと眠れない」と訴える。○○クリニックを紹介する。母親が○○クリニックを受診。睡眠導入剤を服薬。酒量も控えるよう指摘される。
小2の11月	担当職員と一緒に音楽を聞く、花の水やり、散歩など、職員と一緒に穏やかに過ごせるレパートリーが増えてきた。学校での級友とのトラブルが減る。担任教諭から褒められることが増える。頭皮がきれいになって、皮膚科受診が終了となる。	FSWの面接て、心理職が火傷痕の話をA男としたことを実母に伝える。心理職からもトラウマ症状てあることを説明する。実母はうなずいて聞いていた。その後の、面会時に、実母はA男に「叱りすぎたね。もうしないからね」と謝る。
小2の12月	子ども同士のトラブルは減ってきたが、若いJ女性職員に対して、自分の要求が通らないと、いらいらし、暴言に及んでしまうようになる。「僕はJさんが好きなのに、自分は嫌われている」という。	面会。家族で輪投げて楽しむ。その後、継父とキャッチボール。FSWとの面接。クリニックに行って眠れるようになった。助かっていると話す。
小2の12月	夜「Jさんたちを追っかけても、追っかけても、追いつけなくて、ひとりで残される夢を見た」と涙ぐんで当直の職員のところに来る。	

施設職員てカンファレンスの実施、女性職員の対応について
★A男は見放される不安を常に抱えている。ゆえに以下のことを確実に行う。
・女性職員は、「後で時間があったらね」などのあいまいな約束はせず、できることできないことを明確に伝える。J女性職員が日勤のときは3時半から30分間、A男とオセロなどする時間と決める。
・怒りが静まらないときは、男性職員が居室に連れて行って、気持ちが落ち着けるようそばにいること。

小2の12月	入浴中「暖かいね」「気持ちいいね」など心地よい感覚を言葉にすることが増える。	FSWとの面接て、A男が随分落ち着いてきたことを話すと、継父は「かわいらしい表情になった」と語る。実母は「前はすぐに家を出て盗みとかしてたけど、ここてはしないんだね」と不思議そうな表情で語る。
小2の1月	J女性職員と遊べる時間を楽しみに待てるようになった。	
小2の2月	身長が伸びて、体つきは同学年の子どもたちと遜色ない。	面会については、「叱らなくていいから楽。一緒に遊ぶのは楽しい」と語った。また「クリニックに通って眠れる

153

	折り紙が上達した。作品をボードに入れて展示したところとても喜ぶ。他児からも褒められる。	ようになった」と語る。 家族が、ボードの折り紙の作品を見て驚く。「こんな特技あったんだね」と実母が語る。
小2の3月	怒り、すごむ言動がかなり減る。他児とトラブルが起きたとき、後で謝ることができた。	
小3の4月	夜の寝つきがよくなってきた。 食事中に火傷の痕を見せてくることがなくなった。	
小3の5月	進級　担任は変わらない。新しいクラスで落ち着きがなく、新しい級友とトラブルがあったが、謝ることができて、その後落ち着いている。 施設では落ち着いて宿題にも取り組めるようになった。学生ボランティアに協力してもらうことを検討する。	

Ｂ子のケースの経過

	支援の経過		
年齢 （学年・月）	子どもの経過	家族の経過	関係機関の支援経過
Ｘ年10月	夜、徘徊しているとの通告。一時保護される。 田中ビネーでIQ75。		主任児童委員から児童相談所に通告。Ｂ子を一時保護する。

児童相談所、Ｔ市、保健センターとケースカンファレンスを実施　検討された方針と手立て
★実母は、離婚等で精神的に苦しい状況であるが、Ｂ子を自分の手て育たい意思は強い。在宅支援を行うに当たって、まず以下のことを行うこと。
・保育所通所。　・生活保護受給。
・市の担当職員と保健師が協働して家庭訪問を実施、継続すること。
・再び徘徊を繰り返すようてあったり、危機的な状況が生じた場合は児童相談所が保護を行い、施設入所等の措置を検討する。

3歳11か月	訪問時は母親は疲れた表情で、Ｂ子への働きかけが乏しい。	保育所を市の職員と見学し、保育所利用の手続きをとる。生活保護を受給する。	一時保護解除 Ｔ市職員と保健師が家庭訪問。生活保護と保育所の説明をする。 Ｔ市職員が保育所見学に同伴 生活保護受給
3歳11か月	保育所入所 担当保育士やフリーの保育士に甘え、抱っこをせがむ。言葉が他児より遅れており、基本的な生活スキルも未熟。 一人遊びが多い。絵を描くことは好きなよう。	友人の紹介でクリニック受診。	隔週で、Ｔ市職員か担当保健師が家庭訪問を実施。困っていることなどへの支援を一緒に考える。
3歳12か月	身体が匂うのて、シャワー室に行くが、シャワーを見ると立ちすくみ、おびえた表情になる。	クリニック受診。	市の担当職員がクリニックに連絡。保育所に通い始めたことを伝え、母親の状態が思わしくないときなど連絡をもらえるよう協力を依頼する。
Ｘ＋1年1月 4歳1か月	トイレのとき保育士に伝えられるようになり、オムツをはずして過ごす時間が増えてきている。		保育カウンセラーの保育所訪問。所長と担当保育士がＢ子のことを相談する。
4歳2か月		実母から「体調を崩したのて休みます」保育所に連絡。	

市の担当職員、保育所、担当保健師、保育カウンセラー、児童相談所とてカンファレンスの実施　検討された方針と手立て
★Ｂ子は、応答的なかかわりが乏しかったゆえの発達の脆弱さが主の課題であり、保育士との関係構築とやり取りが豊かになることが重要。
・保育所の通園を確実にする。母親が調子が悪いときは主任児童委員に送迎を依頼する。
・担当保育士、フリーの保育士を中心に食事、午睡時はそばにつく。食事を味わい楽しめるような言葉かけに努める。午睡の後は、フリーの職員が一緒にお絵かきをし、言葉をかけるなど働きかける。トイレを中心に基本的な生活習慣をゆっくり教えていく。できないことを叱らない。
・シャワーは表情を確認しながら慎重に用いる。シャワー以外にもおびえるような反応の場面がないかを丁寧に観察する。
・Ｅ保育所に連絡し、Ｂ子の情報を得る。何らかのかかわりができないか相談する。
・定期的に保育カウンセラーが訪問し、育ちを把握する。児童心理司と連携し、必要てあれば適切な治療相談機関を紹介する。
★実母は、Ｂ子出産後の離婚等の出来事が、精神的状態の不調につながっている。実母の回復を支援することが主要な方針となる。

・市の担当職員からヘルパー派遣と母子生活支施設のフードバンクを紹介する。
・クリニックに連絡し、デイサービスなど母親に必要な市のサービスについてアドバイスを受ける。
・実母の了解を前提に、市の担当職員等が会って、Kさんと支援の協力関係を構築する

4歳3か月	午後のお絵かきの時間で、笑顔が出るようになった。動物や魚の絵を上手に描けるようになってきた。		市の担当職員と主任児童委員が訪問：ヘルパー派遣と送迎の協力について説明する。
X+1年4月 4歳4か月	年中組に進級 担当保育士とフリーの保育士は変更なし。 食事をゆっくり、味わって食べるようになってきた。	ヘルパー派遣について、実母の表情から抵抗があるように見えるが、ヘルパーに会ってみることは了解する。 Kさんが実母と一緒に保育所に迎えに来る。	主任児童委員が時々訪問して、町内の回覧板などを届ける。
4歳5か月	午睡の時間に眠りにつくまでの時間が短くなってきた。 集団活動は相変わらず、一人で別のことをしている。 水槽の魚や窓の外の花壇をよくみている。	ヘルパーが訪問。会話ができ、実母はときどき笑顔をみせた。 ヘルパーと一緒に簡単な食事を作った。楽しめている様子に見えた。 ヘルパーとフードバンクに食材をもらいに行く。	所長、担当保育士とKさんと会話。Kさんが母子のことをとても心配している。 市の担当職員の訪問：ヘルパー派遣について実母から依頼を受ける。週2回のヘルパー派遣開始。
	身長・体重が増え、ほぼ平均的な数値になる。手足のあれが改善され、きれいになる。	ヘルパーと気が合ってきたようで、自分の過去のことなども話題にしたという。	訪問した市の職員に、ヘルパーが来て一緒に食事を作るのが楽しいと語った。 市の職員の訪問を月に1回とする。
4歳7か月	プール遊びで、前後のシャワーも平気になった。	風邪を引いて調子を崩す。ヘルパーが心配して、看病する。 主任児童委員が3日間保育所の送迎。 休日はショートステイを利用。	
4歳12か月	ショートステイで水遊び、シャワーを見ても大丈夫だった。	抑うつ的になり、抗不安薬を服薬。	クリニックから市に連絡。少し体調を崩している。無理に頑張らせないようにとのアドバイス。
5歳2か月	職員との会話が増えた。言葉も増えている。 絵が上達し、魚や動物の絵を描きながら、動物の話をよくしてくれるようになった。	保育所の所長に、「皆さんに頼り過ぎている。そろそろ働かないといけない」と話す。所長は、無理せず、クリニックとの先生ともよく相談するよう伝える。 クリニック精神科医より、仕事はまだしないほうがいいことを実母に伝える。	所長から市に実母が働きたいといっていることを伝える。 市からクリニックに上記のことを伝える。
	実母と水族館に行く。誕生日のプレゼントに鯨のぬいぐるみと海の動物図鑑を買ってもらった。 家でも保育所でも動物図鑑をずっと見ており、保育士が読んであげるととても喜び、もっと読むようにせがむ。	B子を連れて水族館に行く。その後、疲れて2日寝込む。ヘルパーが看護してくれた。	
	子どもたちと一緒にはじめて歌を歌った。		

work D1	支援の経過をまとめる

A男とB子のケースを参考に、自分の担当するケースの支援経過をまとめてみましょう。

支援の経過			
年齢 （学年・月）	子どもの経過	家族の経過	関係機関の支援経過

157

step D2 | ケース・カンファレンスの実施

step 0

I......step A

II......step B

III......step C

IV......step D

　支援内容を評価し、アセスメントをより的確なものとするためには支援チームによるケース・カンファレンスがきわめて有効です。

1. ケース・カンファレンスで行うこと

　ケース・カンファレンスでは次のことを検討しましょう。
① 　情報の総合的な把握
　新たに気づいたこと、見落としていた情報はないか、新たに把握すべき情報はないかなどの確認。異なる場面でかかわりを持つ関係者からの情報はすべて役に立ちます。
② 　ケースの理解
　情報をもとに、これまでの理解を見直し、深めます。
③ 　新たな理解をもとに、支援方針を修正、追加すること
　ケース理解をもとに、それまでの支援方針の修正や新たな支援方針の設定などを検討します。こうしてより的確な支援方針を当事者に届けられることになります。

2. ケース・カンファレンスの資料作成

　支援チーム全体でケース・カンファレンスでは、事例の内容を時間内に効果的に伝えることが重要となります。そのためにケースを資料にまとめ、その資料を手元におきながら検討することが有効となります。参考としてケース・カンファレンス資料作成票を示します。フレームごとに示した内容に従って記載すると必要な情報をほぼ網羅されるようになっています。
　票の中の❶〜❷の番号ごとに、以下に記載内容を説明します。

● 158

ケース・カンファレンス資料作成票

ケース仮名		性別	❶	支援開始年齢 （月齢）		現在年齢 （月齢）	

事例のテーマ ❷

相談・通告内容／委託・入所理由 ❸	相談・通告／委託・入所にいたる経過 ❹

ジェノグラム ❺	保護者の生活歴と子どもの生育歴 ❼
家族の概況 ❻	

当初のケース理解と支援方針 ❽

経過　各時点での子どもの年齢も　（　）内に記載しておきます			
年月	子どもの経過	家族の経過	対応・支援の経過
	❾		

子どもの現状	家族の現状
❿	⓫

検討してほしいこと

⓬

❶ 性別と年齢：性別、受理年齢（月齢）と学齢、現在の年齢（月齢）と学齢を記入します。

❷ 事例のテーマ：事例の全体的な特徴を記します。「精神疾患の母親の妄想が虐待行為の引き金になった事例」「医療ネグレクトによって生命の危険に陥った事例」などの特徴を記すことで、事例の分類や後々のケースの掘り起こしに役立ちます。

❸ 相談・通告内容：誰からのどのような相談・通告が、いつ、誰にあったのかを記入します。
委託・入所理由：里親委託。施設入所となった理由を記入します。

❹ 相談・通告／委託・入所にいたる経緯：相談、通告に至るまでの経緯、または里親委託・施設入所にいたるまでの経緯について、把握された情報を記載します。虐待の状況や問題となった事柄に関するこれまでの経過、相談者の対応の経緯などを記します（**step A4** からまとめます）。

❺ ジェノグラム：3世代の家族構成を図示します（**step A2-1** のジェノグラムを記載します）。

❻ 家族の状況：家族成員の属性（年齢、職業、性格的特徴など）、家族機能、経済状況、家族関係、母屋の状況、家族の価値観や文化などを記します。（**step A2-2**、**A2-3**、**A2-5**、**A2-6**、の内容をまとめます）

❼ 生育歴・生活歴：子どもの生育歴と保護者の生活歴を記入します。子どもの生育歴については、出生時の状況、心身の発達の様子、養育者との関係の経過、家庭、保育所、学校などでの様子、被虐待体験、喪失体験、特記すべきエピソードなどです。保護者については、家族との関係の経過、学校での状況、就労状況、妊娠に至った経緯、出産時の状況、養育の経過、被虐待体験、喪失体験、特記すべきエピソードなどです。生育歴・生活歴の記入に際しては、年月日だけでなく対象児の年齢あるいは学齢を記すと育ちの過程がイメージしやすくなります（**step A4**）。

❽ ケースの理解と支援方針：支援を行っていくにあたって、ケースについてどのように理解し、どのような支援方針を設定したかを記載します（**step C1**、**C2** から、支援当初の課題と方針をまとめます）。

❾ 経過：在宅支援ケースにおいては相談を受理して以降、社会的養護ケースについては里親委託・施設入所後の経過を時系列でまとめます。その際に表記する日付は年月日だけでなく対象児の年齢（月齢）あるいは学齢も示してください。子どもと家族の出来事（起きたことや変化）、関係機関との連携を含めて記述してください（**step D1** の内容をまとめます）。

❿ 子どもの現状：子どもの現状について、記載時点での生活の現状や気になる点や心配なことをまとめます（**step A1**、**step A2-4**、**step A3**、**step A5** の内容をまとめます）。

⓫ 家族の現状：家族の現状について、記載時点での養育の現状をまとめます。暮らしの様子で、特に気になる点や心配なことなどのリスクとして把握している点を中心にまとめます（**step A2-2**、**A2-3**、**A2-4**、**A2-5**、**A2-6** から現在の特記事項をまとめます）。

⓬ 検討してほしいこと：支援における困難な点なども含め、カンファレンスで検討してほしいことを箇条書きに記載します。

包括的アセスメントについて

総合的な情報の把握

理解、解釈

支援方針と具体的な手立ての検討

ケースの振り返りと評価

161

work D2	ケース・カンファレンスの資料作成

以下のケース・カンファレンス資料にA男のケースとB子のケースをまとめてみましょう。さらに自分の担当するケースをまとめてみましょう。

ケース仮名		性別		支援開始年齢 （月齢）		現在年齢 （月齢）	
事例のテーマ							
相談・通告内容／委託・入所理由				相談・通告／委託・入所にいたる経過			
ジェノグラム 家族の概況				保護者の生活歴と子どもの生育歴			
当初のケース理解と支援方針							

経過　各時点での子どもの年齢も（　　）内に記載しておきます			
年月	子どもの経過	家族の経過	対応・支援の経過

子どもの現状	家族の現状

検討してほしいこと

3. ケース・カンファレンスの種類と目的

カンファレンスはいくつかの種類があります。要保護児童の在宅支援ケースや社会的養護ケースでは次にあげるケース・カンファレンスが、状況に応じて臨機応変に行われることが必要です。

・要保護児童の在宅支援ケース

① 要保護児童対策地域協議会のケース・カンファレンス（個別ケース会議）：支援が始まって、数か月後には開催することが必要です。その後必要に応じて、随時開催します。本書で提示したようなケース資料を作成して行います。

② 一部の関係機関のみ行うケース・カンファレンス：支援対象やテーマによって必要な機関のみで行うケース・カンファレンスです。本書で提示したようなケース資料を作成して行います。

③ 経過を確認するためのケース・カンファレンス：複数のケースの概要を簡潔にまとめた一覧表を作成し、ケースが方針通りに進んでいるかを確認していきます。再検討が必要で、支援方針の大きな修正が必要な場合は、上記の②のカンファレンスを実施します。

④ 緊急時のカンファレンス：虐待の発生が危惧されるとき、大きな事故が生じたときなど緊急時に関係者が集まって、緊急対応を検討するためのカンファレンスです。資料を作成する余裕はありません。現在ある情報を迅速に整理して、当面の対応を検討します。

・社会的養護ケース

① 入所・委託にあたってのケース・カンファレンス：児童相談所と施設とでケースカンファレンスを行い支援方針を立てます。

② 支援チーム全体で行うケース・カンファレンス：入所数か月後に再アセスメントを行うためのカンファレンスです。その後は必要に応じて随時行っていきます。本書で提示したようなケースの資料を作成します。

③ 経過を確認するためのケース・カンファレンス：要保護児童の在宅支援ケースの③と同様です。施設長、基幹的職員、チームリーダー、担当職員、心理職、FSWなどが集まって確認します。

④ 緊急時のカンファレンス：要保護児童の在宅支援ケースの④と同様です。施設長、基幹的職員、および緊急対応が可能な職員で検討します。

⑤ 終結ケースのケース・カンファレンス：退所した後に、これまでの施設での支援を振り返り、支援内容を評価するためのカンファレンスです。本書で提示したようなケースの資料を作成します。こうしたカンファレンスは研修としても有効で、施設の支援力向上につながります。

これらの運営をマネージメントするのが、在宅支援においては市町村の要保護児童対策地域協議会調整担当であり、社会的養護ケースにおいては施設と児童相談所（里親についてはフォスタリング機能を持つ施設と児童相談所）となります。どのような機関

や関係者を招集するかは、カンファレンスの目的によって異なります。子どもや保護者を招いて、一緒に検討すること（ファミリーグループカンファレンス）は、非常に意義があります。ただそのためには、その可能性と有効性を充分検討したうえで行うことが重要です。

包括的アセスメントについて

総合的な
情報の把握

理解、
解釈

支援方針と具体的な
手立ての検討

ケースの振り返りと
評価

step D3 | 子どもと家族の抱えた課題の振り返り

　　ここでは、支援の結果、子どもと家族の抱えた課題がどの程度改善されたかを検討します。子どもについては **step C1** で検討、整理された課題を基に振り返り、評価し、家族については **step C2** で検討、整理された課題を基に振り返り、評価します。さらに新たな課題が浮上している場合は、それを整理します。

　　A男のケースとB子のケースについて、子どもの課題と家族の課題を振り返り、評価したものを以下に示します。

A男の課題の振り返り

	子どもの課題の整理
生来的・長期的な障害や疾病	身体的障害、疾病、身体機能 特になし
	知的障害、発達障害など、脳機能の問題 ・注意欠陥多動性障害の可能性の疑い：落ち着きがなく、過覚醒の状態が際立っていたが、入浴時、折り紙を一緒に折っているときは落ち着いて過ごせていた。さらにこうした場面が、休み時間に担任と過ごす場面、一緒に音楽を聞いたり、オセロをしているときなどに広がっていった。このことから生来的な注意欠陥多動性障害とは考えにくく、虐待による安心感のもてなさや、恐怖心から来る過敏さによって落ち着けない心的状態の妥当性が高いと考える。 ・知的能力：生活の安心感が高まって、様々なことに興味関心を持てるようになり、授業や宿題にも落ち着いて取り組めるようになってきている。知的能力も向上している可能性を推察する。検査後2年が経過した小学4年時に、再検査を児童相談所に依頼することも検討したい。
	その他 特になし
過去の環境的要因	心的発達の阻害 入所当初、以下のような初期の心的発達課題獲得のつまずきが認められた。 ・基本的信頼感を凌駕する不信感および愛着形成の不全 ・基本的生活習慣の拙さ、騒動の制御困難 　これらは、実母などからの充分な応答的養育の欠如から来る、心的発達の脆弱さと考える。支援の経過の中で、担当職員を中心に、担任教諭、女性職員を求め、頼りにできるようになった。それにつれて、入所当初に比べて、恐怖心が薄れ、安心して過ごせるようになり、衝動のコントロールも徐々につきはじめ、トラブルは減っている。育ち直りが進んでいると考える。 ・情緒発達のゆがみ：入浴時に肯定的な感情表現が見られて以降、情緒的な会話ややり取りが増えてきている。良性の情緒が芽生え、育ちつつあるように見える。 ・対人関係（友人関係）のとれなさ：大人との関係は、男性職員を中心に構築できてきた。女性職員への過度の要求や、それに応じられないときの暴言、暴力も減ってきている。しかし他児から疎まれている状況に変わりはない。
	心的外傷体験の後遺症 ・タバコの火傷の痕を見せるなどのＰＴＳＤ症状：食事の時間など、火傷痕を淡々と見せるなど、フラッシュバックと思われる言動がみられた。生活に慣れ、信頼できる対象を得て、安心できる生活が享受できるようになり、こうした症状が見られなくなっている。また就寝時の恐怖もやわらいできているようで、入眠もスムーズになってきた。これら以外のトラウマ起因の症状は確認されていない。現在のところ新たにトラウマ治療の場につなげる必要はないと考える。しかし今後も経過を見守ることは必要。
	喪失体験 ・対象や居場所の喪失：面会時の家族との交流は、職員が同席し、遊びを取り入れたことで、恐怖感や緊張感が薄れつつある。継父との関係は好転している。 以前通っていた保育所にはまだ連絡していない。母親の了解を得ることができてから連絡する。

	学習した不適切な認知、行動
	・徘徊と盗み：入所後、この問題は全く見られない。食事などが充分でない養育環境を生き抜くための対処行動であり、習慣化したものではないと判断される。
	逆境状況とそれによる不安、恐怖、心的葛藤、悩み
	・被害感の強さや自己評価の低さ：他児や職員の言動を被害的に受け止める傾向は、以前より薄らいでいるようだ。しかし進級時など新しい対人関係場面では、被害的な認知が優勢となりやすい。　他児から疎まれている状況に変わりはなく、孤立しがちである。
現在の環境上の要因	対処困難な状況
	対処困難とされた以下の場面での評価
	・休み時間などでの喧騒：多数の子どもがいて、刺激が多い場面は、いまでも不安定になりやすい。ただそこから攻撃的な言動に移行することは少なくなっている。
	・就寝時の恐怖：夜や暗闇は未だ苦手であるが、以前よりもスムーズに眠りにつけるようになってきた。
	・食事のときの外傷の想起：火傷痕を見せることはなくなった。食事を味わって食べるようになり、楽しい食事の時間になりつつあるようだ。
	・母親との面会時の緊張：母親への恐怖や緊張はまだ強い。ぎこちないが一緒に遊ぶことができている。
	子どもの安全や人権が損なわれている状況
	施設や学校の生活の中で懸念された以下の状況について
	・他児からのいじめ：学校では担任共教諭がいつもそばにおいてくれているので、他児からの中傷などは全く受けていない。施設内でも職員によって守られている。
	・家に帰ったときの実母からの折檻、子どもだけの放置と妹の世話：まだ家に帰ることは不安である。外出などで母子の状況を見ていく必要がある。

Ａ男の家族の課題の振り返り

家族の課題の整理
経済状況
継父の収入だけではやや苦しい状況だが、何とかやりくりできている。
保護者の課題
実母の課題として
・精神的課題：クリニックに受診でき、不眠は服薬によって改善されてきている。実母の子ども時代が話題になることはない。暴力を用いた叱責は効果がないことは理解するようになった。
・飲酒：医師に酒量を控えるように言われているが、あまり変わっていない。ただ健康面は心配している。
親子関係の課題
・実父に似ているＡ男とそうでない妹とで違う対応（差別的）：面会を通して、Ａ男への肯定的なまなざしも育ってきているようである。
・Ａ男に対する支配性と無理な要求：ＦＳＷとの話し合いで、高すぎる要求をＡ男にしてきたことには気づいてきている。
・暴力を用いる傾向：Ａ男が入所してから全くない。妹に手が出ることもない。
家族機能の課題
○基本的な生活の維持機能
特に問題はなく、生活が維持されている。
○子育て機能
面会時などを通して、一緒に楽しく過ごせるようになってきている。
○安心と癒しの機能
・安心感、安全感のなさ：Ａ男がいなくなり、母親の支配性や暴力性が薄らいだことで家庭内の雰囲気が穏やかなものになってきた。継父のやさしさが家庭内に良い影響を与えているようだ。
家族成員とそれぞれの関係
・Ａ男が入所したことで、家庭生活が穏やかになり、家族がまとまっている。そのことがＡ男の排除につながらないように留意が必要である。面会は定期的に行われており、面会時に皆で過ごせる場や継父とのキャッチボールなどのやり取りは継続する必要がある。

支援環境の評価

・実母は、児童養護施設の FSW との面接や保育所の担当保育士や所長との面談などは継続している。児童福祉司とも話ができるようになり、関係は好転している。
・実母はクリニックにも受診し、継続している。
・継父と FSW との関係が構築できている。主任児童委員とも雑談するなどの関係が続いている。
・家族への支援体制は以前に比べて、充実強化されている。

B 子の課題の振り返り

<table>
<tr><td colspan="2"></td><td>子どもの課題の整理</td></tr>
<tr><td rowspan="6">障害や疾病</td><td rowspan="6">生来的・長期的な</td><td>・身体的障害、疾病、身体機能</td></tr>
<tr><td>・低身長、低体重：身長体重は大幅に伸び、現在は問題がない。</td></tr>
<tr><td>・体温の低さ、血行の悪さ、手足のあれ：心的機能も改善されている、手足の皮膚のあれもなくなった。</td></tr>
<tr><td>・知的障害、発達障害など、脳機能の問題</td></tr>
<tr><td>・発達の遅れ：まだ他児よりも遅れてはいるものの、言葉が増え、会話も上達している。</td></tr>
<tr><td>・自閉的な傾向：ひとり遊びが多いが、職員とのやり取りは増えている。また集団の中で歌を歌うことができた。保育士のやり取りの様子からは、自閉的な傾向は改善されているようである。</td></tr>
<tr><td rowspan="11">過去の環境的な要因</td><td colspan="2">・心的発達の阻害</td></tr>
<tr><td colspan="2">・愛着形成の不全：担当保育士やフリーの保育士との関係が構築され、確実に愛着の対象となりえている。母親も安定してきていて、母子関係も改善されてきている。B 子の生活において愛着の基盤は安定してきている。</td></tr>
<tr><td colspan="2">・基本的生活習慣の拙さ：トイレは自立し、年齢相応の基本的生活習慣はほぼ身についた。</td></tr>
<tr><td colspan="2">・社会性（対人関係）の発達の未熟さ：子ども同士の関係はまだ薄い。しかし歌を皆と一緒に歌うことができたのは大きな成長である。今後、子ども同士のかかわりは増えていくと思われる。</td></tr>
<tr><td colspan="2">・心的外傷体験の後遺症</td></tr>
<tr><td colspan="2">・浴室を避ける。シャワーにおびえる：シャワーが平気になっている。またこの他には、フラッシュバックなどの症状は見られない。</td></tr>
<tr><td colspan="2">・午睡の時間に眠れない：入眠するまでの時間が短くなっている。保育所の生活は安心できるようになってきている。</td></tr>
<tr><td colspan="2">・喪失</td></tr>
<tr><td colspan="2">・保育士との別れと転居：現在の保育所の生活には安心感を得ているようだ。保育の場が変わらず、継続した保育を受けられることが重要と考える。</td></tr>
<tr><td colspan="2">・継父、継父方祖父母との別れと転居：現在の保育所と家庭の場は、B 子にとって安心できる場になってきたことで、これまでに経験した別れの影響は薄らいでいると考える。</td></tr>
<tr><td colspan="2">・学習した不適切な認知、行動</td></tr>
<tr><td></td><td></td><td>・不適切な生活習慣への慣れ：健康的な生活習慣が身についてきている。</td></tr>
<tr><td></td><td></td><td>・逆境状況とそれによる不安、恐怖、心的葛藤、悩み</td></tr>
<tr><td></td><td></td><td>・継父、継父方祖父母による養育困難：これらの影響は認められない、あるいは薄らいでいると考える。</td></tr>
<tr><td rowspan="11">現在の環境上の要因</td><td colspan="2">・対処困難な状況</td></tr>
<tr><td colspan="2">保育所</td></tr>
<tr><td colspan="2">・集団活動場面での混乱や不安：一緒に歌を歌うことができるなど、少しずつ集団の活動に興味が出てきているようである。</td></tr>
<tr><td colspan="2">・午睡時の眠れなさ：入眠がスムーズになってきており、睡眠への不安は薄らいでいるようで、保育所に安心を抱けているようだ。。</td></tr>
<tr><td colspan="2">・シャワーを浴びる場面での混乱：シャワーを見ても平気になっており、外傷体験の影響は薄らいできているようだ。</td></tr>
<tr><td colspan="2">家庭</td></tr>
<tr><td colspan="2">・母親の精神状態が悪いときの戸惑いや恐怖：母親が安定してきたため、不安や恐怖も薄らいできている。</td></tr>
<tr><td colspan="2">・家に一人残されるときの不安や恐怖：一人にされることもなくなっており、そのことへの不安や恐怖は薄らいできているようだ。</td></tr>
<tr><td colspan="2">・入浴時の恐怖：入浴時に実母から不適切な対応を受けることがなくなっており、入浴場面への恐怖はなくなっているようだ。</td></tr>
<tr><td colspan="2">・子どもの安全や人権が損なわれている状況</td></tr>
<tr><td colspan="2">・実母の状態が悪いときの子どもへの対応：実母の状態は安定してきている。この状態を維持できるよう支えることが重要である。</td></tr>
</table>

B 子の家族の課題の振り返り

家族の課題の整理
経済状況
生活保護の受給は継続している。 実母が就労を希望するようになっている。しかしクリニックの医師によれば、まだ働くには早いという。就労を焦らせないような配慮が必要である。
保護者の課題
精神科クリニックに通って服薬している。睡眠の状態は改善している。うつの状態も良くはなっているようだが、まだ治療の継続が必要な状態である。また元気になってきているときが、むしろ自殺企図などの危険な行動を取る可能性もあるので、元気になるよう励ますような言動は控えることが、医師からの指示である。
親子関係の課題
図鑑を一緒に読むなど、すこしずつ親子のやり取りが出てきた。「子どもがかわいく思えない」との言葉は、どの支援者にも聞かれなくなっている。
家族機能の課題
・基本的な生活の維持機能 掃除と食事はヘルパーの協力で改善してきている。ただ、母親だけではまだ難しいだろう。 洗濯はきちんとできる。 ・子育て機能 子どもの求めには応じられるようになっている。またいらいらして当たるようなことはなくなっている。 ・安心と癒しの機能 ヘルパーの支援が入って頼れる人が増えたこと、および実母のうつの状態が改善されないまでも、いらいらするようなことがなくなったため、家の中の雰囲気が落ち着いてきた。
家族成員とそれぞれの関係
親子以外に同居家族はいない。
支援環境の課題
・家族と親族や知人、地域の個人や機関との関係性の評価 　友人Kとの関係は継続している。保育所にも一緒に来られ、保育所とのKさんとのつながりもできた。 ・保護者と支援者との関係性 　市の担当職員ともよく話をするようになり、支援者として認めてくれている。 児童相談所には苦手意識がいまだある。 　クリニックは重要である。主治医との関係もよく、受診は継続している。 　ヘルパーさんとの関係が良好である。今後も継続する。 支援体制は、以前に比べ充実、強化されている。

work D3	子どもと家族の抱えた課題の振り返り

A男とB子のケースを参考に、自分の担当するケースの子どもと家族への課題を見直し、記載してみましょう。

	子どもの課題の整理
障害や疾病 生来的・長期的な	
過去の環境的要因	
現在の環境上の要因	

家族の課題の整理
経済状況
保護者の課題
親子関係の課題
家族機能の課題
家族成員とそれぞれの関係
支援環境の課題

step D4 | 子どもと家族への支援方針と手立ての見直し

step 0

I......step A

II......step B

III......step C

IV......step D

　ここでは、課題の振り返りを踏まえて、子どもと家族への具体的な支援の手立てを見直します。

　A男のケースとB子のケースについて、子どもと家族の支援の手立てを見直し、新たな手立てを設定したものです。

A男への支援の見直し

		子どもの支援方針		具体的な手立て
方針α	共通	支援者と子どもとの関係構築	▶	・担当職員との関係が構築できた。困ったときに頼れるようになり、多くの場面でのやり取りが増えている。入浴を職員が共にすることは終了とする。
		子どもの居場所つくり	▶	・オセロが上手なので、施設内でオセロ教室を設立。そのメンバーとする。 ・週に1回の心理面接は継続。50分にする。
方針β	障害や疾病	体調管理（低身長、低体重の回復を含めて）	▶	身長・体重の測定は、定期的な健診のみとする。
		頭皮のかゆさの改善	▶	改善されたので皮膚科受診は終了。
	過去の環境的要因	心的発達の回復	▶	・オセロ教室などで、他の子どもとトラブルが生じることなく、関係が取れるよう職員が寄り添う。表情が険しくなった時など、トラブルが生じる前に、A男に声をかけ、気持ちを静められるようそばに置くか、居室に移動する。 ・心理面接の中で、A男の成長を確認し、評価する。 ・学習ボランティアの学習指導を依頼する。特異な科目（算数）に限定する。
		心的トラウマからの回復	▶	・PTSDの症状は消失している。このまま様子を見る。特別なトラウマ治療の必要性は今のところない。
		喪失の補償	▶	・以前通っていた保育所から写真が届いた。アルバムに整理されていない写真が集まったので、心理面接の中でアルバム作りをしながら過去の肯定的な出来事を振り返る。
		逸脱行動（徘徊と盗み）の修正	▶	・暴力は認められることでないことを継続して伝えていく。 ・盗みや徘徊は全くない。これについての対応は必要ない。
		逆境状況への予防的対応と自己評価の向上	▶	・逆境状況は生じていない。今後帰省を行う中で、家庭生活の様子を把握する。
	現在の要因	学校生活での混乱回避	▶	・休み時間などでの担当教諭の手伝いは継続。 ・多少困難な課題の答えを求めることはよしとする。
		就寝時の恐怖感の低減	▶	・A男に、就寝時の寄り添いが必要かを尋ねたところ、「もう大丈夫」と答えている。夜間の居室の照明は点灯し、つき添いは終了。
		食事の場面での対応	▶	・食事を味わい楽しめるようになってきたが、まだしばらくは食事時間に職員が隣につく。
		母親との面会時の緊張感の低減	▶	・職員の同席面会は終了。家族のみの面会とする。 ・母親面接時に、継父とのキャッチボールは継続。 ・月に1回、家族で外出し、食事を一緒に食べてくることを提案する。

● 172

		家族の支援方針		具体的な手立て
方針γ	子どもの力	得意な工作（折り紙）を大切にする	▶	・折り紙が上達している。折り紙のプロのボランティアに折り紙を教わることとする。（月に2回の）担当職員との工作の時間を設ける。
		得意なオセロを大切にする	▶	・オセロが得意な職員がオセロ教室を設立。オセロ教室のメンバーとなる。
		入浴時の落ち着きを重視する	▶	・穏やかに過ごせる場面が増えた。健康的な情緒表現も増えている。一人の入浴とする。様々な場面で、職員は共感的な応答をすること。
	既にある支援	過去に通っていた保育所の担当保育士との関係の確認、可能な継続	▶	・以前の保育所の担当保育士から手紙と写真が届いた。お礼を添えて、保育所に暑中見舞いの手紙を担当と書き、送ることとする。
		学校との密な連絡	▶	・朝、学級担任への学園での様子を申し送り、下校後、担任からの学校の様子の報告を受ける。こうした毎日の相互の申し送りを継続する。
		継父との関係の強化	▶	・面会時のキャッチボールを継続。 ・家族での外出（一緒に外食をしてくる）を計画する。

包括的アセスメントについて

総合的な情報の把握

理解、解釈

支援方針と具体的な手立ての検討

ケースの振り返りと評価

A男の家族への支援の見直し

		家族の支援方針		具体的な手立て
方針α	共通	保護者との関係構築	▶	・保育所の所長と母親との面談は不定期で継続。 ・児童養護施設のFSWとの母親面接は継続。 ・児童福祉司は定期的に連絡を取る。
		保護者の居場所づくり	▶	・施設や保育所が母親の信頼できる場となってきている。
方針β	経済的課題	経済的支援	▶	・母親の就労については、家族面接などで、まだ話題になっていない。母親の気持ちを尊重し、就労に前向きになったときに、児童福祉司から就労支援のサービスなどを紹介する。
	保護者	飲酒について	▶	・今後も体調への配慮をもとに、飲酒の改善を促す。
		母親の精神的課題への支援（不眠、過去の被害体験などへの対応）	▶	・○○クリニック受診を継続。○○クリニックでの所見を児童福祉司は定期的に把握する。 ・児童家庭支援センターの母親グループを紹介したが、母親はあまり興味を示さなかった。機会を見て改めて別のグループを紹介する。
	親子関係	親子関係の修復	▶	・親子面談、FSWとの面接などで、A男の成長や良い資質を認めている。A男への否定的な言動は少なくなってきている。これからも面談、面接を通して、母親への働きかけを継続する。 ・親子の面会は継続。新たに家族での外出を提案する。
		暴力の抑制、防止	▶	・子育てにおいて暴力が有効でなく、別の対応方法があることを、今後もFSWが説明していく。 ・児童家庭支援センターの暴力防止トレーニングを紹介したが、実母はあまり乗り気でなかった。これ以上薦めないほうが良い。
	家族機能	母親が疲れていて家事ができないときの継父のフォローを支持する	▶	・家庭での生活は健康的に維持されているので、これに関する支援の手立ては必要ない。

173

		支援方針		具体的な手立て
	家族成員	継父への支持	▶	・継父は、A男の支援に協力的である。これからも皆で評価する。
		妹の発達のフォロー	▶	・今後も保育所で妹の様子を把握していく。
	支援環境	児童福祉司と実母との関係改善	▶	・定期的に連絡を取っていく方針を継続する。
		継父と施設職員などとの関係を強めていく	▶	・良好な関係を継続していく。
方針γ	保護者の力	これまで生き抜いてきた力を評価する	▶	・これからも継続する。
		まじめな実母を支持する	▶	・これからも継続。
	既存の支援	保育所の所長と施設のFSWとの関係を支える	▶	・良好な関係が維持できるよう、他の職員が配慮する。
		クリニックへの受診	▶	・児童福祉司がクリニックでの情報を把握すること。

B子への支援の見直し

		子どもの支援方針		具体的な手立て
方針α	共通	子どもとの関係構築	▶	・保育所の担当保育士が愛着の対象となりえている、この関係を継続できるよう、他の保育士も協力する。
		子どもの居場所づくり	▶	・安心できる場となった保育所の生活を継続。 ・ヘルパーが入ったことで、家庭生活が安定している。延長保育は終了し、家で母親と夕食を食べる。
方針β	障害や疾病	体調管理（低身長、低体重の回復を含めて）	▶	身長・体重ともに増加している。週に1回身長・体重測定は継続する。
		手足のあれへの手当て	▶	皮膚科を受信し、改善した。受診は終了している。
	過去の環境的要因	心的発達の回復	▶	・保育カウンセラーの巡回相談で、B子のフォローを行い、保育士を支援する。 ・児相の児童心理司による発達検査はまだできていない。保育カウンセラーが機会を見て検査を実施する。
		保育所での対応として	▶	これまでの担当保育士、およびフリーの保育士の対応が、B子の成長に貢献している。これまでの対応を引き続き継続する。
		心的トラウマへの対応	▶	・シャワーを使用する際の特別な配慮は必要ない。ただしそのときの表情などは確認すること。
		喪失の補償	▶	・市の担当職員がE保育所にB子の当時の様子を伺い、H保育所に伝えた。情報はB子の理解に役立った。所長が礼状を書く。
		不適切な生活習慣の修正	▶	・馴染んできたH保育所の生活習慣を確実なものにしていく。
		逆境状況への予防的対応と自己評価の向上	▶	H保育所でのこれまでの以下の対応を継続する。 ・できないことがあっても叱りつけない。 ・他の子どもたちからの非難や攻撃的な言動があれば、注意する。

方針γ		支援方針		具体的な手立て
				・よいところを評価する。さらに良いところを見つけて評価する。努力していることを評価する。力が発揮できる場を見出す。
	現在の要因	集団活動場面ての混乱回避	▶	・少しずつ、集団活動に参加てきるよう、保育士がそばについて促す。
		シャワーや浴室への恐怖心の低減、消失	▶	・現在では特別な対応は必要ない。
		午睡の時間の不安の低減	▶	・就寝時の付き添いは継続。
		母親の精神状態が良くない時や一人家に残される時への対応	▶	・そうした状況は生じていない。
	子どもの力	子どもが保育士を求める気持ちを受け止める	▶	・これからも、受け止め続ける。
		絵を描くことを育む	▶	・家の近くにある絵画教室を紹介する。
	既にある支援	友人Kとの協力関係の構築	▶	・保育所と友人Kさんとの関係の維持に努める。

B 子の家族への支援の見直し

方針		家族の支援方針		具体的な手立て
方針α	共通	保護者との関係構築	▶	・保育所の所長の定期的な面談は継続。 ・市の担当職員の定期的な訪問は継続する。
		保護者の居場所つくり	▶	・クリニック受診の継続。 ・ヘルパー派遣を継続する。
方針β	経済的課題	経済的支援	▶	・生活保護は継続。 ・就労を焦らせない対応は継続する。
		食材の支援	▶	・ヘルパーとフードバンクを活用する。
	保護者	実母の不眠や不安などの精神状態の改善	▶	・精神科クリニックの受診継続を支援する。 ・ヘルパーが話し相手となり、実母の孤独感を和らげる。 ・保育所の所長が受診状況を確認、把握することを継続する。
	親子関係	親子関係改善に向けた取り組み	▶	・保育所の所長や担当は、B子の成長やてきたことなどを実母に伝えることを継続する。 ・保育所での砂場遊びなどに母親も誘う（決して無理に誘わない）。 ・保育所の所長や担当は、B子の成長やてきたことなどを実母に伝える。 ・保育所で親子が楽しそうに交流していた時には、それを評価する。
	家族機能	掃除と食事の支援	▶	・ヘルパーによる養育支援訪問を継続。 ・母親と一緒に調理するメニューを増やす。 ・延長保育を終了し、母親と一緒に夕食をとる。
	家族成員			

包括的アセスメントについて

総合的な情報の把握

理解、解釈

支援方針と具体的な手立ての検討

ケースの振り返りと評価

		家族の支援方針		具体的な手立て
方針γ	支援環境			
	保護者の力	実母のできていることを評価し、決して焦らせない	▶	改善されてきている状況を皆で評価する。
	既存の支援	・生活保護の継続	▶	・T市の担当職員は生活保護課にその必要性を説明する。
		・保育所の通園	▶	・母親の調子が悪く、保育所に通えないようなときは、主任児童委員がB子の送迎を行うことは継続。
		・友人Kと連絡をとり、支援の協力関係を作る	▶	・保育所の所長と友人Kとの関係を継続する。
		・クリニックへの受診を支持しねぎらう	▶	・クリニック受診は確実なものになっている。ねぎらうなどの対応はもはや必要ない。

work D4　子どもと家族への支援方針と手立ての見直し

　A男とB子のケースを参考に、自分の担当するケースの子どもと家族への支援方針と手立てを見直し、記載してみましょう。

		家族の支援方針		具体的な手立て
方針α	共通	保護者との関係構築	▶	
		保護者の居場所づくり	▶	
方針β	経済的課題		▶	
	保護者		▶	
	親子関係		▶	
	家族機能		▶	

	家族成員	▶	
	支援環境	▶	
方針γ	保護者の力	▶	
		▶	
	既存の支援	▶	
		▶	

包括的アセスメント
について

総合的な
情報の把握

理解、
解釈

支援方針と具体的な
手立ての検討

**ケースの振り返りと
評価**

step D5 ｜ 役割分担の見直し

　以下の票は、課題の振り返り、及び支援方針と手立ての振り返りを踏まえて、Ａ男とＢ子への支援の手立てを実行するために、機関や職種の役割分担を見直したものです。

Ａ男への支援における役割分担の見直し

機関名／内容	施設 担当職員	心理職	ＦSW	他職員	ボランティア	学校 担任教諭	児童相談所 児童福祉司
支援者とＡ男との関係の維持	・様々な場面を共有する。 ・困ったときなどに、相談に来られたことを評価する。			・様々な場面を共有する。 ・困ったときなどに、相談に来られたことを評価する。		休み時間などの担任の手伝いは継続。	**定期的な面談（おおよそ3か月に1回）。**
子どもの居場所つくり	・居室を一緒に整える。			・オセロ教室の開催（K指導員が担当）。		休み時間などの担任の手伝い。	
健康管理	通常の身体測定。			通常の身体測定。			
~~頭皮の治療~~							
心的発達の回復	・様々な体験を共有する。 ・子ども同士のやり取りを促す。	心理面接（週に1回）。アルバム製作をしながらのカウンセリング発達検査の実施。	・様々な体験を共有する。	・様々な体験を共有する。 ・子ども同士のやり取りを促す。 ・オセロ教室で他児との良好なかかわりを促す。	・学生ボランティアによる算数の学習指導。	できたこと、良いことを評価し褒める。	子どもの状況の把握。
心的トラウマからの回復	食事の時間は隣について、食事が楽しめるよう働きかける。			食事の時間は隣について、食事が楽しめるよう働きかける。			
喪失の補償	Ａ男と一緒に、Ｅ保育所にお礼の暑中見舞いの手紙を書く。	心理面接でのアルバム製作。					

内容							
就寝時の対応	夜間の照明点灯は維持、付き添いは終了。			夜間の照明を点灯は継続、付き添いは終了。			
情緒的混乱やトラブルの防止	・いらいらしたときなど、相談に来たとき、自ら居室にいけたときは、大いに褒める。			・いらいらしたときなど、相談に来たとき、自ら居室にいけたときは、大いに褒める。		・休み時間などでの担任との授業の準備などは継続。	
自己評価の向上						折り紙プロのボランティアに折り紙を教わる。	
学校との連絡体制	学校との連絡体制を構築し、子どもの様子を学校に伝える。			学校との連絡体制を構築し、継続できるようにする。		日々の施設との連絡。	
ケース会議など			ケース会議の調整。				ケース会議の調整。

A男の家庭への支援における役割分担の見直し

機関名／内容	施設		児童相談所	保育所	クリニック
	担当職員	FSW	担当児童福祉司	所長	精神科医師
支援者と実母との関係の維持	家族面談。	母親との面接。	定期的な訪問（おおよそ2か月に1回）。	妹の話を中心に面談を行う。実母をねぎらう。	
実母の居場所づくり	行事などに誘う。来園を歓迎する。	機会を見て別のグループを紹介する。		行事などに誘う。来所を歓迎する。	
実母の就労について		就労の意思を確認していく。			
飲酒の改善		様子を尋ね、控えるよう促す。			クリニック受診の継続。
不眠など、母親の精神的課題への支援					クリニック受診の継続。
親子の関係修復	・家族面談は継続。 ・継父とキャッチボールは継続。	・母親との面接継続。 ・家族での外出（外食）を提案する。			
子どもへの暴力の防止		FSWの面接の中で取り組む。			
継父への支援	継父をねぎらう。	継父をねぎらう。		継父をねぎらう。	

妹の発達のフォロー				妹の様子を把握し、発達をフォローする。	
ケース会議など		ケース会議の調整。	ケース会議の調整。		

B子への支援における役割分担の見直し

内容＼機関名	保育所		市の担当部署		近隣	児相
	担当保育士・フリーの保育士	所長	担当職員	保育カウンセラー	主任児童委員	
支援者とB子との関係の維持	・午睡の寄り添い。 ・食事を隣で食べる。 ・個別の時間は継続。				母親が登園できないときは、送迎を行う。	
子どもの居場所づくり	・上記の時間がお気に入りの時間になっている。	B子に保育士が個別でかかわれる体制の継続。				
健康管理	~~食事量のチェック~~ 週1の身長・体重の測定。					
~~手足の皮膚あれの治療~~						
心的発達の回復	・保育士との関係を基盤に共有体験を増やしていく。			発達検査を行う。		
心的トラウマからの回復	・シャワーを使用するときの特別な配慮について、現在は必要ないが、表情などの様子は確認すること。 ・午睡の寄り添いは継続。			子どもの行動観察と保育士の相談、助言などは継続。		
~~喪失の補償~~						
生活習慣の改善	・他の子どもたちと同じ対応。					
自己評価の向上	・主体的な遊びに寄り添う。 ・近所の絵画教室を紹介する。					
危機的状況の回避	・集団活動を強いらないこと。B子のペースを大切にする。 ・家庭での子どもの様子の確認。	母親との面談から家出の様子を確認する。				
ケース会議など	会議に参加する。	会議の提案など。	個別ケース会議の調整と開催。	会議に参加する。	母親が参加する場合は共に参加。	危機的な状況が生じれば参加。

B子の家族への支援における役割分担の見直し

機関名／内容	保育所 担当保育士	所長	市の担当部署 担当職員	ヘルパー	生活保護課 生活保護CW	クリニック 精神科医	地域 主任児童委員	児相
支援者と実母との関係構築	送迎時に子どもの様子を伝える。	定期的な母親との面談。	定期的な訪問（2か月に1回）。	実母の了解を得ての定期的な訪問（週に2日）を継続。			回覧板などを通して日常的な交流。	
実母の居場所づくり		保育所が安心できる場になってきている。						
経済的課題への支援				実母とフードバンクを活用。	生活保護の継続。			
不眠など、母親の精神的課題への支援			就労を焦らせない。	ヘルパーが話し相手になっている。この関係を継続。	特に就労を焦らせない配慮が必要。	クリニックを受診、眠剤と抗不安薬の服薬。		
親子の関係修復	B子の成長、よき資質、身につけた能力、魅力などを伝える。	B子への気持ちなどを傾聴する。	B子への気持ちなどを傾聴する。					
家族機能の補償、改善		延長保育を終了し、家庭で実母と夕食をとるようにする。		掃除と食事を実母と一緒に行う。食事の作り置きもしておく。				
友人Kへの働きかけ	送迎時に話をする。							
ケース会議など	会議に参加する。	個別ケース検討会議の提案。	個別ケース検討会議の調整と実施。	可能ならば参加。	可能ならば参加。	母親が参加する場合は共に参加。	機会を見て参加。	緊急時の参加。

包括的アセスメントについて

総合的な情報の把握

理解、解釈

支援方針と具体的な手立ての検討

ケースの振り返りと評価

| work D5 | 役割分担の見直し |

step 0

I......step A

II......step B

III......step C

IV......step D

記載例を参考に、自分の担当するケースの子どもと家族への支援の手立ての役割分担を見直し、記載してみましょう。

子どもへの支援における役割分担の見直し

内容＼機関名							

家族への支援における役割分担の見直し

内容＼機関名								

包括的アセスメント
について

総合的な
情報の把握

理解、
解釈

支援方針と具体的な
手立ての検討

**ケースの振り返りと
評価**

step D6 | # 子どものこれまでの人生を理解する
―― 子どもの年表づくり

1. 人生の連続性が分断されがちな社会的養護の子どもたち

　社会的養護を必要とする子どもの中には、養育者の変更が多く、そのたびに転居を繰り返すことになります。また施設入所や里親委託もそれまでの家庭生活や地域での生活から分離され、全く新たな生活が始まります。このことが、子どもにとって人生の一貫性や連続性の感覚を保ちづらくさせます。過去の出来事が思い出せない、いままでどう生きてきたのかよくわからないなど、人生を振り返れない子どもたちが多いのは、こうしたことも背景のひとつです。

　一般の家庭では、こうした環境の変化は頻繁ではなく、かつ一貫した家族関係の中で、楽しかった過去の出来事などは、日常の会話の中で何度も話題に上ります。会話を通して、過去の良き体験が繰り返しよみがえり、かけがえのない思い出として積み上げられて行きます。

　社会的養護を必要とする子どもは、家庭内外での逆境体験が繰り返された上に、養育者の変更や居場所の変更も余儀なくされており、過去の思い出が日常の会話に上ることは圧倒的に少なくなります。「自分の人生に良い思いでは何もなかった、嫌なことばかりだった」など希薄でネガティブな自分史を描きがちなのは、単に逆境状況におかれていただけではなく、良い思い出を振り返る機会がないことも関係しているのです。

2. 過去を振り返ることが困難な社会的養護の子どもたち

　希薄な人生史、あるいは否定的に色づけられた人生史は、思春期、青年期の子どもを苦しめます。思春期、青年期は、自分が何者なのか、自分の存在を問うときです。希薄で否定的な自分史は、自分を価値ある存在ととらえることを難しくさせます。

　しかし、確かに過酷な状況を生き抜いてきたとはいえ、良いことが何もなかったかというと、決してそうではなく、辛い中にも良い思い出になるような出来事はたくさん経験しています。逆境状況があまりに大きいゆえに、そこに隠れて見えなくなっているのです。ただ隠れてしまった良き思い出も、振り返らずに時が経てゆけば、やがては記憶が薄らいでいくでしょう。

　隠れている思い出をひとつひとつ拾いあげ、積み上げ収めていくことは、肯定的な人生史づくりに貢献し、そのことが自尊心の回復につながっていきます。逆境状況やトラウマ体験の事実は変えられません。またそうした記憶は簡単に消えるものでもありません。しかし安定かつ充実した生活の中で、肯定的な思い出を拾い集め、信頼できる人と大切に共有し、積み上げていくことができれば、過去のつらい思い出を相対的に小さくし、人生史の否定的な色合いに変化をもたらす可能性を高めます。

　支援者は、子どもの逆境状況に圧倒され、そこにばかりに目が向き、こうしたプラ

スの側面になかなか目が向きません。一方、思春期になって子どもが自分の過去や家族にこだわるようになって、いきなりそれまで子どもとの関係が薄い治療者が子どもの人生史をテーマにした面接を始めることがあります。しかしこうした歴史の振り返りは極めてプライベートな領域に入ることであり、関係の薄い支援者が、数回の面接で可能になるものではありません。歴史の振り返りは、信頼を得た支援者との日常の会話を通して、少しずつ積み上げていくべき類のものであり、その上ではじめて人生史を整理し、収める面接が可能になるのではないでしょうか。

3. 子どもの年表づくり（代替養育を必要とした子ども）

　子どもの人生を共に振り返り、共有していく作業として、語られる思い出等を年表として整理していくことは意味があります。子どもの立場に立って、楽しかった思い出、うれしかったこと、悲しかった出来事、つらかったこと、熱心に取り組んだ活動、夢中になった趣味、心を入れて制作した作品、達成できたこと、評価されたこと等を共感的に受け止め、記録に残していくことです。この作業を通して、自分史への否定的な色合いが、少しでも肯定的な色合いに変わることができれば、その後の人生を歩む上で、大きな力となり得ます。里親や施設から巣立ち、自立した後、自分の人生の軌跡となる貴重な財産になるでしょう。

　また支援者は、保護者に代わって子どものそれまでの人生を共有し、語り合える存在でなくてはなりません。一般の子どもたちは皆、自分の過去の出来事等を話題にして語り合う一番手は家族です。社会的養護の現場も、委託入所前の出来事も含めて、子どもにとっての意味ある出来事等をしっかりと把握し、過去の語らいが可能となるよう努めましょう。

　この票は、子どもの人生史を年表にして整理するものです。年表は以下の2つから構成されています。

　　①　委託・入所までの人生史
　　②　委託・入所後の人生史

　家族からの聴き取り、子どもの思い出話の傾聴、共に行った体験などから把握できたことを書き残していくことで、やがては中身の濃い年表となっていきます。この作業はまずは支援者のみで取り組みましょう。支援者が子どもの歴史にまなざしを向けることがはじまりです。やがては子どもと共有していくことを願います。決して無理強いしてはいけません。特に思春期の子どもたちは、自分の過去に否定的です。歴史を振り返ることに大きな抵抗を抱く子どもは少なくありません。できるだけ早期の段階から、また思春期に入っていたとしても、日常の自然な流れの中で、子どもと一緒に、生きた歴史の共有を目指します。

　次の票は、Ａ男について、職員の記録やＡ男の語りなどをとおして、年表にしたものです。Ａ男は小学校4年になっています。それまで、Ａ男は多く課題を克服し、

大きく成長しました。しかし4年になってから、支えになっていた継父が病気になり長期療養生活が余儀なくなりました。そのため今まで順調に続けてきた面会や帰省が中断となります。家庭復帰まで考え始めていたときに、家族との交流が激減してしまったのです。継父の入院等が原因とはいえ、A男は自分が放っておかれているように感じ、実母が自分を嫌っているのとの思いを強く抱くようになりました。この状況を体罰を受けてきたことや施設入所になった経緯など結び付け、「見放された価値のない自分」などと卑下し、絶望的な気持ちに陥るようになりました。

　担当指導員と担当心理士は、それまで作成してきたA男の年表を踏まえて、A男とともにA男のこれまでの歴史を振り返り、A男の存在を共にかみ締めようと考えました。そのときの年表です。この年表をもとに、A男の成長、A男がなしえてきたこと、A男と共に歩んだ人たち、良い思い出の数々をA男と改めて振り返り、意味ある人生を歩み、価値あるA男であることを確認していく作業を進めていきました。

この票はＡ男について年表にまとめたものです。

※印の箇所の記載は、職員の感想等です。

年月日	
○年４月○日	入所までの歴史 Ａ男誕生 お宮参りの写真（実父と母親と３人で写っている）がある。写真はすべて入所後に母親から届けられたもの。
1歳 1歳2か月	御食い初めで、餅を背負った写真がある。 初めて公園で歩ける。初めての言葉は「マンマ」（母子手帳に記載） 1歳半健診では、やや言葉は遅れているが、健康的で表情も豊かという記載がある。 　※母親は、Ａ男をあまりかわいいとは思わなかったというが、写真からはまんざらそうではなさそう。
2歳	誕生日に、ケーキの前で撮った写真がある。 妹が誕生　家族4人で写っている写真がある。
3歳	3歳児健診。母親が「しつけが大変」と語っている。 実父と別居。実母と妹の3人で転居し、きょうだい2人で保育所に通い始める。
4歳	「○○先生に折り紙を教わった。優しい先生だった」と語っている。 家では、「妹の世話が大変だった。泣いてばかりで、どうしていいかわからなかった。でもかわいかったよ」「母さんには良く叱られた。けど優しいときもあった」と語る。
5歳	保育所で、トイレなど皆と同じようにできるようになった。 保育所で作成した折り紙の作品（犬、鳥、船、手裏剣）をダンボールに貼って展示してもらった。その写真がある。 　※とても上手にできている。今に続く力の始まりがここにあるのかと感心する。
6歳	小学校入学。「学校は嫌いだった。けんかばかりしたし、よく叱られた」と語っている。ただ、図工の時間は好きだったという。 「お腹すいて困った。冷蔵庫の中のもの食べて叱られた。コンビニでおにぎり盗って食べて、大変なことになった」（警察がきて叱られて、母親にも叱られたこと）と語る。お母さんには、食事のとき、行儀が悪いからってお灸をすえられた。 内縁の男性と一緒に住むようになる。「はじめは、慣れなかったけど、オセロを教えてくれたし、ボールの投げっこもした。夏休みにポケモンの映画を見に連れて行ってくれた。お風呂が好きだからって、よくスーパー銭湯に連れて行ってくれた」と語る。
7歳	児童相談所に保護される。「福祉司さんに、お母さんから叱られないよう、離れて暮らすよう言われた。自分も叱られるのは嫌だし、その方がいいと思った。けど寂しかった」「施設に行くのは怖かった。怖い人がいっぱいいると思った」という。 　※施設職員が怖くなくなったのはいつ頃か尋ねたら、小2の正月が終わってからと答えている。
7歳2か月 （小2の6月○日）	入所後の歴史 入所 後に「友達がほしいのに喧嘩ばかりしちゃっていたな」と当時のことを語っている。 食事中に手の甲の火傷の痕を何度も見せた。 お風呂が好きで、男性職員と毎日入る。

包括的アセスメントについて
••••••••••••••••

総合的な
情報の把握
••••••••••••••••

理解、
解釈
••••••••••••••••

支援方針と具体的な
手立ての検討
••••••••••••••••

**ケースの振り返りと
評価**
••••••••••••••••

187

step 0	
I......step A	
II......step B	
III......step C	
IV......step D	

	折り紙が上手。 オセロはセンスがある。 初めての面会で、母親の前で直立不動。
小2の7月	キャンプ。緊張した表情の写真が多い。
小2の8月頃	食事の時間が徐々に楽しくなってきたのか、笑顔の写真がある。箸が上手に使えるようになる。
小2の9月	運動会。家族で参加。父兄と合同綱引きにも参加。A男は緊張していて、運動会の後、熱が出て寝込む。
小2の9月下旬	面会時、家族とゲームをして遊ぶ。「家では一緒に遊んだことなんてない。あんなことしたのは初めてだったよ」と後に語る。
小2の11月	施設の生活で担当職員と一緒に楽しいことが増えてきた。散歩（バードウォッチング）、草花の世話、音楽鑑賞など。 自転車にはじめて乗れる。乗れている自分に驚いている。「前は怖くて乗れなかった」と言っている。
小2の1月	お風呂で、「温かい、身持ちいい」と、はじめて心地よさを言葉にする。 J女性職員とのオセロが楽しみになる。J職員がA男のオセロの強さに感心する。J職員に褒められて照れくさそうにしている。
小2の2月	折り紙の作品をボードに貼って展示。中学生女子から褒められて照れている。
8歳	小3に進級 誕生日のプレゼントでポケモンのジグソーパズルをもらう。「J職員と一緒に作る」と喜ぶ。
小3の6月	他児等とのトラブルが減った。1年前が嘘のよう。 学習ボランティアの家庭教師が始まる。 オセロクラブが発足。 家族と外出。ファミリーレストランでハンバーグを食べる。 新しく入所した同学年のC男が、オセロの強いA男にオセロを教わる。2人でオセロをしている場面が増える。C男は「A男くん。すごいよ。教え方も優しい」という。 　※誰からも相手にされなかったA男に友達ができたことに職員は喜びを感じた。
小3の7月	キャンプ。宿題の絵日記にはカレーつくりとキャンプファイヤーの絵。笑顔の写真が増えた。 J職員とのジグソーパズルが完成。部屋に飾る。その前で職員と2人で記念写真（※一番の宝物の写真という）
小3の8月	夏休みに野球観戦。これ以降、継父とのキャッチボールに熱が入る。 1泊の帰省。「楽しかった。母さんに叱られなかった」と表情は良い。
小3の9月	運動会で徒競走1位になる。施設の運動会の写真展に飾られ満足気。 隔週で週末帰省を行う。帰宅したときは継父とキャッチボールをし、マウンテンバイクで出かける。
小3の11月 小3の1月	母親がパートで働き始める。妹は学童保育。 面談で退所の話になるが、母親は「働き始めて間もないし、もう少し仕事になれてから」という。A男もまだ施設にいたいという。

小3の3月	成績が向上する。ボランティアの先生のおかげと感謝する。実母も喜ぶ。 春休みに家族で1泊2日の温泉旅行に行く。(※たくさん写真を撮ってきた) J職員が退職する。退職を聞かされたときに泣いて悲しむ。しばらく元気なく過ごす。勤務最終日に、手紙（今までありがとうと書いてある）と折り紙で作った動物たちをJ職員に渡す。
9歳 小4の5月	小4に進級 継父が病気になり、半年間入退院を繰り返す必要がある。 母親が仕事と家事と看護で手一杯となり、面談と週末帰省が中断する。 担当職員とで継父のお見舞い。一生懸命に折った千羽鶴を持参。継父はとても喜ぶ。徐々に体調は回復していると聞き、安心する。
小4の7月	工作で造った作品が入賞する。折り紙を使ったハト車。よくできている。 七夕、「お父さんの病気がよくなりますように」と短冊に書く。 キャンプ。中学生と一緒に登山に参加した。山頂から見た雲に「感動した」と日記に記している。
小4の8月	夏休みに実母が面会。久しぶりに会う。帰省はまだ無理だからと伝えられる。
小4の9月	運動会。家族は参加されず。児童相談所の担当福祉司が参加される。 徒競走1位。身長が伸びて、運動能力が向上した。
小4の11月	「僕は家に帰れないのかな」「お母さんは僕が嫌いなんだと思う。今思うとひどいこといっぱいされた。ずっとお母さんと仲良くする作戦立ててきたけどうまくいかない」と担当指導員に話す。 C男が「最近A男くん元気がないんだ。オセロもすぐに負けるんだ」と担当指導員に話す。 心理面接で、「僕は、きっとだめな大人になるんじゃないかな。みんなから嫌われてるし」とこぼす。
小4の1月	正月は家に帰れず、施設で過ごす。あまり元気がない。 継父が退院し面会に来る。
小4に2月	家族との面会が再会されるが、あまり嬉しそうではない。
小4の3月	担当職員の働きかけで、一緒に鳥の巣箱を作ることになる。「自分の作った巣箱に鳥なんか来ないよ」というが、真剣に作る。 春休みに家族と久しぶりの外出。よそよそしい。母親も気にしている。 オセロを一緒にする友達が増えた。
小5の5月	鳥が巣箱に入って卵を産む。

包括的アセスメント
について
・・・・・・・・・・・・・・・・・・

総合的な
情報の把握
・・・・・・・・・・・・・・・・・・

理解、
解釈
・・・・・・・・・・・・・・・・・・

支援方針と具体的な
手立ての検討
・・・・・・・・・・・・・・・・・・

**ケースの振り返りと
評価**
・・・・・・・・・・・・・・・・・・

| work D6 | 子どもの年表づくり |

step 0

I......step A

II......step B

III......step C

IV......step D

　自分の担当する子どもについて、A男のケースを参考に年表を作成してみましょう。否定的な出来事を列挙するのでなく、逆境状況の中に埋もれた肯定的な出来事、取り組み、成長の軌跡を記すことです。こうして子どもの歴史を振り返ることで、その存在の重みが感じ取れる年表を目指しましょう。

年月日	
	入所までの歴史
	誕生
	入所後の歴史
	入所・委託

　どれだけ記載できたでしょうか。記載されたことが、支援者と子どもとの間で共有することのできた子どもの人生史です。人生の足跡をどれだけ豊かに共有できたでしょうか。通常の家庭の親では、子どもに対して多くの事柄が記載されるはずです。そうした営みと比較して、どうでしょうか。家庭に代わって養育の場を提供することが社会的養護です。現在社会的養護の場はより家庭的な場となるよう取り組みが進んでいます。それは物理的な環境だけではありません、家庭に代わって、子どもの歴史を振り返り、豊かに共有することも家庭的養育の重要な柱です。自己点検してみましょう。

おわりに

　人間は歴史的存在であり、人との関係の中で生きる存在です。歴史性を縦軸とするならば、関係性は横軸として、縦軸と横軸の中に、その人が定義づけられます。子どもはみな、その子ども固有の縦軸と横軸の中に生きています。包括的アセスメントを突き詰めれば、縦軸と横軸（で見せる子どもの様子など）を丁寧に理解していく作業です。

　縦軸は、生育歴に象徴され、本書では **step A4**、**step D1**、**step D6** で扱う内容が該当します。また **step A2** のジェノグラムも歴史に関係します。横軸は、家族関係、保育所や学校等での子どもとの関係等で、本書では主に **step A1** の社会的側面、**step A2**、**step B2**、**step B4** で扱う内容が該当します。縦軸と横軸の中心に子どもの状態が現れている（**step A1**、**step A3**、**step A5**、**step B1**、**step B3** など）ということです。

　一般の家庭では、親がわが子に対して、専門的ではないにしろ、どんな育ちをしてきたかの歴史性と、どのような関係の中に生きているかといった関係性に関心を持って子どもを見つめ、育んでいるはずです。しかし社会的養護を必要とする子どもたちは、こうしたまなざしに充分恵まれなかった子どもたちです。包括的アセスメントは、子どもの個別的な縦軸の世界と横軸の世界を統合した全人的理解を、子どもと家族の協力を得て、共に行おうとするものです。つまり家族と共に、子どもの存在を受け止めようとする作業であり、その行為だけでもとても意味を持った行為であるということです。

　単に子どもと家族を対象化して、客観的に見つめるだけでなく、このような全人的な受け止めを豊かに展開する行為として、包括的アセスメントを展開することを望みます。そしてこの本がそこに少しでも貢献できることができたら、こんなに嬉しいことはありません。

　この本が発刊されるまでには、様々な方々のご協力をいただきました。「市区町村児童家庭相談における人材育成モデルについての研究」の研究代表者の宮島清先生はじめ、共同研究者の方々、子どもの虹情報研修センターでの研修に共に取り組み、教材の改良に貢献してくれた小出太美夫はじめセンターのスタッフの皆さん、そして、子どもの虹情報研修センターの研修に参加され、研修教材等に様々なご意見を寄せていただいた参加者の方々に深く感謝申し上げます。皆様のご意見があって何度も改良を重ねることができました。皆さんの温かい励ましとご意見がなければ、本の完成はなかったと思います。

　そしてこの本の刊行にあたり、明石書店の深澤孝之氏と閏月社の徳宮峻氏には多大なるご尽力をいただきました。前身である『社会的養護児童のアセスメント』の発刊後、数年前に改訂版の作成のお話をいただきました。その後遅々とした歩みでしたが改訂の作業を進めてきました。結果として大幅に改訂された全く新しい本となりまし

た。この間、深澤氏には挫折しそうな自分を繰り返し励ましていただき、何とか完成にこぎつけることができました。本当にありがとうございました。

　最後に、この本の中に登場するＡ男さんとＢ子さんは、複数の事例から生まれた架空の子どもたちです。しかし彼らの向こう側には、実在する何人、何十人の子どもたちの存在があります。こうした子どもたちの姿や声が、私たちの学びとなり、教材開発につながる知恵を与えてくれました。子どもたちに心から感謝いたします。要保護ケースや社会的養護を必要とする子どもと家族は、大変な逆境状況におかれています。その支援には甚大なエネルギーと英知を必要とします。この本が支援者にとって、そして子どもと家族の幸せに少しでも貢献できたら、これ以上の喜びはありません。

参考・引用文献

Ainsworth M.D.S., Blehar M.C., Waters E., Wall S.（1978）: *Patterns of attachment*. Hillsdale, NJ, Lawrence Erbaum.

Thapar A., Pine D.S., Leckman J.F., Scott S., Snowling M.J., Taylar E.（2015）*Rutter's Child and Adolescent Psychiatry* 6th Edition.：長尾圭造・氏家武・小野善郎・吉田敬子監訳（2018）『ラター 児童青年精神医学』明石書店.

Bowlby J.（1982）*Attachment and Loss, Vol.1 Attachment*. The Tavistock Institute of Human Relations：黒田実郎他訳（1991）『母子関係の理論 Ⅰ 愛着行動』岩崎学術出版社.

Erikson E.H.,（1963）*Childhood and Society*. W.W.Norton & Company：仁科弥生訳（1977）『幼児期と社会』みすず書房.

藤永保・斎賀久敬・春日喬・内田伸子（1987）『人間発達と初期環境』有斐閣.

Friedrich W.N.,（1997）*Child Sexual Behavior Inventory (CSBI)* PAR

Fritz Redl & David Wineman（1956）*Children Who Hate*, The Free Press：大野愛子、田中幸子訳（1975）『憎しみの子ら』全国社会福祉協議会

橋本和明（2004）『虐待と非行臨床』創元社.

Herman,J.L.（1992）*Trauma and Recovery*. New York：Basic Books：中井久夫訳（1996）『心的外傷と回復』みすず書房.

小林美智子・松本伊智朗・田中康雄・峯本耕治・屋代通子（2007）『子ども虐待 介入と支援のはざまで』明石書店.

Kolk V.（1996）*Traumatic Stress*. The Guilford press：西沢哲訳（2001）『トラウマティック・ストレス』誠信書房

小林登監修・川崎二三彦・増沢高編著（2008）『いっしょに考える子ども虐待』明石書店.

厚生労働省雇用均等・児童家庭局（2017）「市町村子ども家庭支援指針」

厚生労働省雇用均等・児童家庭局（2018）「児童相談所運営指針」

厚生労働省雇用均等・児童家庭局（2017）「児童家庭福祉の動向と課題」

Mary E., Helfer R., Kempe S., Krugman R.D.,（1997）*The Batterd Child,* Fifth Edition. The University of Chicago：社会福祉法人子どもの虐待防止センター監修・坂井聖二監訳（2003）『虐待された子ども―ザ・バタード・チャイルド―』（第5版）明石書店.

宮島清他（2016）『市区町村児童家庭相談における人材育成モデルについての研究・第1報』子どもの虹情報研修センター.

宮島清他（2017）『市区町村児童家庭相談における人材育成モデルについての研究・第2報』子どもの虹情報研修センター.

Main M., Solomon J.（1990）"Procedures for identifying infants as disorganized/disoriented during the Ainsworth Strange Situation". Greenberg M.T., Cicchetti D., Cummings E.M.,（Eds.）*Attachment in the preschool years*. University of Chicago Press. pp161-182.

増沢高（2009）『虐待を受けた子どもの回復と育ちを支える援助』福村書店.

増沢高（2011）『事例で学ぶ社会的養護児童のアセスメント』明石書店.

増沢高（2012）「虐待を受けた子どもの喪失感と絶望感」青木省三他編『こころの科学』162、日本評論社.

増沢高（2012）「虐待を受けた子ども、愛着の構築に課題をもつ子どもの総合的アセスメント――児童福祉施設で暮らす社会的養護児童に焦点を絞って」『臨床心理学 増刊第4号』金剛出版.

増沢高（2012）「虐待を受けた子どもの喪失感と絶望感」青木省三他編『こころの科学』162、日本評論社.

増沢高（2012）『社会的養護における生活臨床と心理臨床』（共編著）福村出版.

増沢高（2013）「アセスメントに必要な情報把握」相澤仁・犬塚峰子編『やさしくわかる社会的養護3――子どもの発達・アセスメントと養育・支援プラン』明石書店.

村瀬嘉代子（2003）『統合心理療法の考え方』金剛出版.

岡野憲一郎（1995）『外傷性精神障害』岩崎学術出版社.

Putnam F.W.,（1997）*Dissociation in Children and Adolescents*. Guilford Press：中井久夫訳（2001）『解離』みすず書房.

Reece R.M.,（2000）*Treatment Of Child Abuse.Johns Hopkins* University Press：郭麗月監訳（2005）『虐待された子どもへの治療』明石書店.

杉山信作（1990）『子どもの心を育てる生活』星和書店.

滝川一廣（1994）『家庭の中の子ども、学校の中の子ども』岩波書店.

友田明美（2006）『いやされない傷』診断と治療社.

著者プロフィール

増沢高（ますざわ・たかし）

　子どもの虹情報研修センター研究部長。臨床心理士。1986年千葉大学大学院教育学研究科教育心理修士課程修了。千葉市療育センター、児童心理治療施設「横浜いずみ学園」でセラピスト、同学園副園長を経て、2002年より子どもの虹情報研修センターに研修課長として勤務。2009年より現職。明治大学大学院文学研究科兼任講師、日本子ども虐待防止学会理事。主な著作は、『虐待を受けた子どもの回復と育ちを支える援助』（福村出版、2009年）、『事例で学ぶ社会的養護児童のアセスメント』（明石書店、2011年）、『社会的養護における生活臨床と心理臨床』（共編著、福村出版、2012年）、『日本の児童虐待重大事件2000-2010』（共編著、福村出版、2014年）など。

ワークで学ぶ　子ども家庭支援の包括的アセスメント
――要保護・要支援・社会的養護児童の適切な支援のために

2018 年 11 月 30 日　初版第 1 刷発行
2020 年 12 月 30 日　初版第 2 刷発行

著　者	増　沢　　高
発行者	大　江　道　雅
発行所	株式会社　明石書店

〒101-0021 東京都千代田区外神田 6-9-5
電　話　03（5818）1171
ＦＡＸ　03（5818）1174
振　替　00100-7-24505
http://www.akashi.co.jp

装幀　　　　明石書店デザイン室
編集／組版　有限会社閏月社
印刷／製本　モリモト印刷株式会社

（定価はカバーに表示してあります）　　　　　　ISBN978-4-7503-4754-7

JCOPY　〈出版者著作権管理機構　委託出版物〉
本書の無断複製は著作権法上での例外を除き禁じられています。複製される場合は、そのつど事前に、出版
者著作権管理機構（電話 03-5244-5088、FAX 03-5244-5089、e-mail: info@jcopy.or.jp）の許諾を得てください。

事例で学ぶ 社会的養護児童のアセスメント
子どもの視点で考え、適切な支援を見出すために
増沢高著　◎2000円

子どものための里親委託・養子縁組の支援
宮島清、林浩康、米沢普子編著　◎2000円

社会的養護の子どもと措置変更
養育の質とパーマネンシー保障から考える
伊藤嘉余子編著　◎2400円

ソーシャルペダゴジーから考える施設養育の新たな挑戦
マーク・スミス、レオン・フルチャー、ピーター・ドラン著　楢原真也監訳　◎2600円

「チーム学校」を実現するスクールソーシャルワーク
理論と実践をつなぐメゾ・アプローチの展開
大塚美和子、西野緑、峯本耕治編著　◎2500円

子ども虐待とスクールソーシャルワーク
チーム学校を基盤とする「育む環境」の創造
西野緑著　◎2200円

子ども虐待対応におけるサインズ・オブ・セーフティ・アプローチ実践ガイド
子どもの安全〈セーフティ〉を家族とつくる道すじ
菱川愛、渡邉直、鈴木浩之編著　◎3500円

イギリスの子ども虐待防止とセーフガーディング
学校と福祉・医療のワーキングトゥギャザー
岡本正子、中山あおい、二井仁美、椎名篤子編著　◎2800円

市区町村子ども家庭相談の挑戦
子ども虐待対応と地域ネットワークの構築
川松亮編著　◎2500円

児童虐待対応と「子どもの意見表明権」
小野善郎、薬師寺真編著　◎2500円

子どもへの体罰を根絶するために
一時保護所での子どもの人権を保障する取り組み
エリザベス・T・ガースホフ、シャウナ・J・リー編　溝口史剛訳
臨床家・実務者のためのガイダンス　◎2700円

児童相談所改革と協働の道のり
子どもの権利を中心とした福岡市モデル
藤林武史編著　◎2400円

子どもの権利ガイドブック【第2版】
日本弁護士連合会子どもの権利委員会編著　◎3600円

子どもの虐待防止・法的実務マニュアル【第6版】
日本弁護士連合会子どもの権利委員会編　◎3000円

里親と子ども
『里親と子ども』編集委員会編集
『里親制度・里親養育とその関連領域』に関する専門誌　◎1500円

やさしくわかる社会的養護シリーズ【全7巻】
相澤仁責任編集　◎各巻2400円

〈価格は本体価格です〉